# ESTRESILIENTE

Dra. SAM AKBAR

# ESTRESILIENTE

Cómo combatir el estrés con resiliencia emocional

zenith

Título original: *Stressilient*

Primera edición: noviembre de 2022


Zenith es un sello editorial de Editorial Planeta, S.A.
Avda. Diagonal, 662-664, 08034 Barcelona (España)
www.zenitheditorial.com
www.planetadelibros.com

Diseño de la cubierta: adaptación de Planeta Arte & Diseño de un diseño original de Harper Collins Publishers Ltd 2022.

ISBN: 978-84-08-26378-4
Depósito legal: B. 18.886-2022

Impreso en España – *Printed in Spain*

PEFC
PEFC/14-38-00305
Certificado PEFC
Este libro procede de bosques gestionados de forma sostenible y fuentes controladas
www.pefc.es

*Para Sophia, mi niña sabia*

# SUMARIO

# INTRODUCCIÓN

No puedo erradicar el estrés de tu vida.

Prefiero decirlo así de entrada para que luego no creas que te estoy tomando el pelo. Debería añadir, además, que ninguna otra persona, ninguna, puede erradicar por completo el estrés de tu vida, a no ser que te plantee la criogenización perpetua, en cuyo caso espero que te guste el frío.

Pero hay algo que sí puedo hacer (y que es mejor que erradicar el estrés): puedo enseñarte «flexibilidad psicológica». La flexibilidad psicológica es la capacidad de responder de un modo mucho más eficaz ante los inevitables factores de estrés de la vida y ante las emociones y los pensamientos que estos desencadenan. Desarrollar resiliencia significa pasar a la acción para llevar una vida gratificante y con sentido: en resumen, hacerse «estresiliente».

Este concepto de flexibilidad psicológica es el eje de un revolucionario e innovador enfoque terapéutico conocido como «terapia de aceptación y compromiso» (ACT, por sus siglas en inglés; es decir, «actuar»). Durante las últimas cuatro décadas, la ACT ha demostrado ser eficaz no solo para el tratamiento de enfermedades mentales graves como la depresión y la ansiedad, sino también en las relaciones personales, la pérdida de peso, el abandono del tabaco, la mejora del rendimiento y la gestión del estrés. La ACT es un enfoque que puede aplicarse a escala generalizada, tanto para mejorar la relación con tu pareja o tratar con un jefe tóxico como para llevar una vida más sana o afrontar el estrés crónico.

Y yo no sé tú, pero, para mí, los dos últimos años han sido algo estresantes, por el temita de la pandemia global y demás. Para alguna gente habrá resultado ser una experiencia traumática. Es muy complicado saber por dónde empezar a abordar todos los pensamientos y sentimientos que han aflorado. A veces da la sensación de que tienes que leer, escuchar y ver todo lo que hay en internet hasta poder dar con lo que buscas, casi como cuando intentas reservar unas vacaciones en un destino nuevo: ¿Europa o más lejos? ¿Apartamento u hotel? ¿Avión o ferri? La lista aumenta y aumenta hasta que capitulamos y terminamos yendo al mismo sitio que el año pasado con tal de no mirar más reseñas de hoteles y arriesgarnos a tirar el ordenador por la ventana en un ataque de ira y frustración incontrolable.

Incluso yo, como psicóloga, sufriría un nivel agotador de agobio si me plantease definir lo que supone una buena gestión del estrés consultando internet. He querido despejarte el camino, así que lo he leído todo en internet (vale, no, solo he recurrido a mi formación y a mi experiencia clínicas) y he dado con lo que funciona y es accesible. El objetivo de este libro siempre ha sido que:

1. Esté basado en evidencias. Es decir, quiero enseñarte lo que funciona y lo que está respaldado por la ciencia. No quiero que pierdas tu valioso tiempo con cosas que no ayudan.
2. Sea breve. Quiero que lo puedas usar en cualquier sitio y lugar (¡quizá incluso te vea leyéndolo en el metro!

Prometo mantener las distancias y no acercarme furtivamente a ver si de verdad lo estás leyendo y no te has dormido) para que se convierta en parte de tu vida diaria. Ahí es donde se producirá el cambio. Si hubiese escrito algo del tamaño de *Guerra y paz*, lo leerías una vez, si acaso, y luego lo usarías como tope para las puertas.

¿Y por qué deberías escucharme? Soy una psicóloga clínica que trata a personas refugiadas con trastorno de estrés postraumático (TEPT). Toda la gente con la que trabajo ha sobrevivido a la tortura, a la guerra o a la violencia sexual. Es un trabajo maravilloso y tengo mucha suerte de poder dedicarme a ello. Sin embargo, al mismo tiempo, eso supone que he terminado sabiendo unas cuantas cosas sobre el estrés y la resiliencia. He trabajado con personas refugiadas y profesionales de la medicina clínica por todo el mundo, desde los campamentos del norte de Irak, ayudando a psicólogos a tratar el TEPT en mujeres y niñas yazidíes esclavizadas por el ISIS, hasta el propio Londres, ayudando a formar a psicólogos para tratar a supervivientes y familiares del incendio de la torre Grenfell.

Aparte de ser psicóloga, soy también un ser humano, como tú. Me río, lloro y la fastidio como tú. Todo el rato. Y también, como tú, tengo que escalar mi propia montaña de estrés. Puedo pegarte un grito para evitar que caigas en esa grieta enorme ante la que acabas de tropezar y lanzarte una cuerda muy buena para subir. Sin embargo, yo también me caigo en mis propias grietas. Las herramientas y técnicas que encontrarás en este libro son las que utilizo para salir de ellas. Han transformado mi vida. Son las que les recomiendo a mis amistades, y son las que hubiese querido conocer cuando era más joven.

Cuando empecé a escribir este libro, nunca había oído hablar de la COVID-19, ni de confinamientos ni aislamientos, ni de ninguna de las otras expresiones que ahora nos salen tan alegremente por la boca como si lleváramos diciéndolas toda la vida. Nunca había tenido una relación tan estrecha con los desinfectantes de manos.

Me sentí como todo el mundo: superada y aterrada. Esta turbulencia mundial es nueva: la restricción de nuestras vidas es plenamente discordante con la vida tal y como la conocíamos. Pero sé por todas las personas refugiadas con las que he trabajado que, en el resto del mundo, la gente ha sufrido disrupciones y traumas desde hace mucho tiempo. Hemos tenido la suerte de evitar algo así hasta ahora. En el núcleo de la experiencia humana están presentes tanto la alegría como el dolor emocional. No podemos tener lo uno sin lo otro. Debemos hacerle sitio a la tristeza, igual que se lo hacemos a la felicidad.

Convertirse en una persona estresiliente no consiste en eludir ese inevitable dolor emocional, sino en aceptar todas las emociones en momentos de estrés. Consiste en mirar cara a cara a nuestras emociones, nos gusten o no, y no en darles la espalda. Consiste en no salir huyendo nunca más de esos sentimientos. ¿Te imaginas lo que supondría no tener que hacer eso? ¿Lo liberador que sería centrarte en lo que de verdad te importa, en vez de estar en un tira y afloja con tus emociones dolorosas? ¿Y si pudieras concentrar tu energía en cosas que convirtiesen tu vida en algo gratificante y con sentido?

Ahí es donde entra en escena este libro. Lo has elegido por un motivo. Te intriga la posibilidad de que exista otra manera de vivir. Quizá las disrupciones de la pandemia, que nos han cambiado la vida, te hayan hecho cuestionarte ciertos aspectos relacionados con cómo estás llevando tu vida y qué quieres para tu futuro. Aquí encontrarás herramientas y técnicas que te ayudarán a pensar mejor, a sentir mejor y a vivir mejor. Ahondarás en lo que de verdad te importa y aprenderás a actuar de acuerdo con tus valores más profundos. Hallarás una manera de prosperar, no solo de sobrevivir. Y sé que funciona porque he enseñado a innumerables personas como tú a hacerlo.

No puedes evitar los altibajos de la vida, ni yo tampoco. Pero sí podemos equiparnos con las habilidades necesarias para sortearlos y así transformar nuestra vida. Eso, al menos, está bajo nuestro control.

Bueno, ¿qué? ¿Empezamos?

# CÓMO USAR ESTE LIBRO

No vayas hasta el final para ver lo que ocurre, porque no es ese tipo de libros. Al ser pequeño y compacto, te sugeriría que lo leyeras entero una primera vez antes de hacer nada. Luego puedes volver a los pasajes que te resulten de ayuda, en el orden que mejor te cuadre.

Mi intención ha sido siempre que puedas llevar el libro encima, metido en el bolso o guardado en un bolsillo, y recurrir a él cuando la vida te supere, cuando vayas al baño a esconderte durante una reunión familiar, cuando te metas en el cuartito del material en la oficina con un buen cabreo encima o cuando estés haciendo cola sin más en el supermercado. Espero que el libro acabe con las esquinas dobladas de tanto usarlo y que termines viéndolo como a un amigo sabio y de confianza.

En el primer capítulo (el del «cerebro 101») te lo cuento todo sobre el cerebro y su funcionamiento, una información crucial si quieres aprender a llevar un poco mejor las riendas de tu mente. Los seis capítulos siguientes (sobre cómo pensar mejor, sentir mejor, tomar perspectiva, estar aquí y ahora, vivir mejor y pasar a la acción) se centran en tus pensamientos, emociones y acciones: los elementos clave de la flexibilidad psicológica. Espero que, llegado el final, seas capaz de tocarte mentalmente las puntas de los pies. He añadido los dos últimos capítulos («Cómo tener autocompasión» y «Cómo encontrarte sentido») porque todos los años que he pasado tratando a pacientes me han enseñado que son dos vías muy importantes para cultivar el bienestar.

Existen muchos elementos en los que no me he centrado aquí y que también tienen un impacto positivo en el estrés: el sueño, la dieta y el ejercicio, por nombrar solo tres de los grandes. Por el contrario, he puesto el foco en que te concentres en tu mundo interior y en cómo ir abriéndote camino por él de manera más eficaz para poder hacer las cosas que consideras importantes. Tener ciertas habilidades para evitar que tus pensamientos y sentimientos te secuestren aumenta las posibilidades de que puedas hacer de verdad lo que te importa.

Vale, basta de cháchara. Vamos allá.

1

# CÓMO GESTIONAR TU MENTE: CEREBRO 101

> Antes pensaba que el cerebro era el órgano más importante del cuerpo, hasta que me di cuenta de quién me estaba diciendo eso.
>
> EMO PHILIPS, CÓMICO[1]

Una de las cosas más eficaces que hago en mis terapias es explicar cómo funciona el cerebro. Si pretendes sacarle el máximo partido, necesitas saber un poco más sobre eso que tienes entre las orejas. Es la máquina más poderosa del mundo, aunque en realidad no sabemos cómo manejarla. Necesitaríamos que nos repartiesen manuales de instrucciones al nacer. Para saberlo todo sobre el cerebro, tendrás que seguir leyendo.

## EL INICIO

Lleva tu mente al pasado. Imagina que eres un hombre o una mujer de las cavernas que se ha sentado a la puerta de su cueva para disfrutar de una hermosa puesta de sol con una amable sonrisa en la cara.

Ahora, imagina que te despedaza el oso que estaba escondido entre los árboles al lado de la cueva. Eso era justo lo que les pasaba a quienes se sentaban tranquilamente: los osos los hacían pedazos. O los leones. O lo que fuera que anduviese rondando en busca de un tentempié humano.

Nuestros ancestros sobrevivieron, y transmitieron sus genes, a base de ser superultravigilantes y de andar constantemente pendientes de los peligros. Eran una gente bastante nerviosilla, aunque tiene sentido si pensamos en lo reales que eran entonces las amenazas para la supervivencia física. Como dicen, más vale prevenir que curar.

Daba igual que la mayoría de las veces no vieran en realidad una serpiente en el rincón de la caverna, sino el asa de una bolsa (tenían bolsas, ¿no?); valía la pena ser muy muy prudentes. Por tanto, nuestro cerebro evolucionó hasta convertirse en una máquina de alerta extrema, siempre en modo «que no te maten». Es su trabajo, y por eso nuestros ancestros sobrevivieron, y por eso estamos aquí ahora. Así que gracias, ancestros.

A partir de ahí la cosa se complica. Cuando los seres humanos empezaron a vivir en grupos para sobrevivir, todo mejoró. Pasaron a sentirse más seguros y a tener más probabilidades de salir adelante y de transmitir sus genes.

Ahora bien, la gran preocupación que acabaron teniendo entonces nuestros tataratataratatarabuelos y abuelas fue la de que el grupo no los rechazasen. Sencillamente, en esas condiciones, nadie habría sobrevivido en soledad. ¿Quién habría salido a matar por nosotros para que pudiéramos comer algo si hubiésemos estado solos y enfermos? Es un poco como tener a alguien que vaya al súper por ti cuando estás en aislamiento. O con resaca.

## EQUIPADO PARA EL MIEDO

Tenemos el cerebro equipado para el miedo, y el núcleo amigdalino es el mayor responsable de ello. El núcleo amigdalino, una discreta cosita del tamaño de una almendra, nos hace pasar a la acción si cree que existe una amenaza clara y presente. Le grita muy fuerte a nuestro cerebro: «¡No es un simulacro!». Es uno de los segmentos del cerebro que evolucionó antes y su principal interés es la supervivencia, porque eso era lo único que importaba entonces. El núcleo amigdalino nos pone el cerebro y el cuerpo en alerta, y desencadena la respuesta de lucha o huida. Es importante y ha ayudado a los seres humanos a sobrevivir y a evolucionar, pero no es el protagonista más sofisticado del cerebro. Él primero dispara, y luego en realidad no hace ni preguntas.

La respuesta de lucha o huida es una forma evolutiva de mantenernos con vida. Cuando percibimos un peligro, tenemos que salir por patas o plantar batalla, y todas nuestras respuestas fisiológicas están equipadas para eso. Los músculos se tensan, el corazón late más rápido, la respiración se vuelve superficial, los pensamientos se aceleran... Un momento... ¿Eso no es ansiedad? Sí. Los síntomas de la ansiedad son los mismos porque, bueno, son más o menos la misma cosa: el cerebro responderá a las amenazas o al estrés de los tiempos modernos (los miedos por el coronavirus, el trabajo, la familia, el estatus, el dinero, la salud, el rechazo... lo que sea) de manera similar a como respondería al ataque de un oso. De ahí que preocuparte mucho por tener que hablar en público delante de tu jefa o pensar demasiado en una crisis de pareja pueda desencadenar una respuesta de lucha o huida.

## LA PERSONA SABIA QUE VIVE EN TU CEREBRO

Ojalá tuviéramos a alguien en el cerebro que nos ayudase a calmar nuestro núcleo amigdalino y a gestionar el estrés... ¡Pues lo tenemos! La corteza prefrontal sería como una persona sabia que vive en tu cerebro. Me gusta imaginar a la mía con el aspecto de Michelle Obama, pero puedes elegir también, no sé, a la jueza Ruth Bader Ginsberg o a la escritora Maya Angelou. Está situada justo detrás de la frente. Si quieres, puedes acariciarla un poquito, para demostrarle tu aprecio.

La corteza prefrontal es lo que nos caracteriza como seres humanos. Es la parte «nueva» del cerebro, la que ha evolucionado de manera más reciente, cuando hemos empezado a vivir en grupos más complejos. Al contrario que el núcleo amigdalino, se trata de la parte sofisticada del cerebro. Esta sección más nueva puede solucionar problemas, planificar con antelación e inhibir impulsos. Es la parte del cerebro que ha ayudado a la comunidad científica a encontrar una vacuna para la COVID-19.

Nuestra corteza prefrontal puede acceder a información sobre nuestro estado actual y sobre nuestro pasado, así que nos puede ayudar a tomar decisiones buenas y eficaces ante el estrés. El problema es que responde a las amenazas con mayor lentitud que el núcleo amigdalino, que activa nuestro sistema de lucha o huida antes de que tengamos tiempo de decir «corteza prefrontal». Pero no entremos en pánico: voy a enseñarte a mantener a raya el núcleo amigdalino y así poder utilizar a tu colega, la corteza prefrontal, con mejores resultados.

Resumiendo, nuestra corteza prefrontal es genial, sí, pero (por supuesto, hay un pero) su capacidad para pensar en lo que ocurrirá en el futuro (es decir, resolver problemas) y para acceder a experiencias pasadas significa que también es la parte de nuestro ser capaz de atormentarse con ese pasado, de ponerse catastrofista ante el futuro y de compararnos, nada favorablemente, con otras personas.

## LA VIDA MODERNA

Pues sí, tenemos un problema: nuestra parte antigua del cerebro sigue equipada para el miedo y, además, tenemos un cerebro nuevo capaz de preocuparse por el futuro y de angustiarse con el pasado. Sin embargo, ya no hay tigres dientes de sable ni leones ni serpientes. Ahora hay algo peor: el mundo moderno.

Para nuestra mente, el mundo moderno tiene tantas amenazas como el antiguo, y respondemos de maneras similares que no siempre son de mucha ayuda. Un hombre o una mujer de las cavernas estaba pendiente todo el rato de los peligros que amenazaban su vida, y nuestra mente moderna hace eso mismo cuando se pregunta: «¿Y si fracaso? ¿Merece la pena asumir el riesgo?». Un cavernícola no gastaba energías salvo que fuese crucial. Nuestra mente moderna nos dice que no nos arriesguemos si no tenemos el resultado asegurado.

El cavernícola pensaba: «Paso de ir allí a buscar comida, colega. La última vez salió fatal». Nuestra mente moderna dice: «¿Quién te crees que eres? Cuando fracasas una vez, fracasas siempre». Basta añadir una pizca de comparación con otras personas por redes sociales (porque somos seres hechos para temer el rechazo del grupo) y nuestra mente entrará en la vorágine de la amenaza.

En consecuencia, no es que nuestra mente esté intentando fastidiarnos ni a nosotros ni a nuestros planes de vida, sino que procura ahorrarnos dolor, porque ha evolucionado para eso, aunque se hace un poco de lío. Sabiendo que nuestra mente tiene buenas intenciones, pero se opone a cualquier tipo de riesgo, podemos manejar con mayor eficacia algunas de las cosas que se le ocurren para que no nos frenen. Sin duda, puedes aprender a gestionar perfectamente tu núcleo amigdalino y sacar el máximo provecho de tu corteza prefrontal para responder de manera eficaz al estrés.

En los próximos capítulos pretendo enseñarte cuáles son las habilidades fundamentales para ser estresiliente en el mundo moderno: cómo gestionar tus pensamientos y sentimientos para que no te coarten, y cómo llevar una vida mejor y más gratificante frente al estrés.

**RECAPITULACIÓN**

Los cerebros han evolucionado para detectar el peligro y protegernos del daño. Eso es fantástico cuando nos persigue un tigre, un león o un oso, pero no tanto cuando necesitamos afrontar las amenazas de los tiempos modernos.

Cerebro viejo (que no te maten/rechacen) + cerebro nuevo (y si me rechazan como la última vez/y si me matan...) + vida moderna (voy a fracasar, no sirvo para nada, no puedo hacerlo) = mente que juega malas pasadas y que hay que saber manejar con enfoques basados en la ciencia. Molaría hacerse pegatinas para el coche con esto.

2

# CÓMO PENSAR MEJOR

> No hagáis de vuestros pensamientos prisiones.
>
> WILLIAM SHAKESPEARE, *Antonio y Cleopatra*,
> ACTO V, ESCENA II

Todo se origina en tu mente y en lo que ocurre en ella: pensamientos, recuerdos, imágenes. El mayor error que veo cometer a la gente es intentar cambiar de vida sin antes aprender a gestionar sus pensamientos. Si no aprendes a pensar un poco mejor, tu mente te desviará constantemente del camino. En este capítulo voy a explicar por qué no funciona aquello que sueles hacer para afrontar pensamientos, recuerdos e imágenes no deseados, y qué hacer en su lugar.

Ahora ya sabes que tu cerebro está preparado para mantenerse alerta ante el peligro y advertirte (mucho) de las amenazas a tu bienestar que hay en el mundo moderno. Sabes también que a tu cerebro se le da muy bien resolver problemas (incluso cosas más complicadas que un sudoku endemoniado). De hecho, es una máquina de solucionar problemas cuyo objetivo principal es que no nos maten. Y eso está bien, dado que la resolución de problemas funciona genial en el mundo exterior o físico, aunque no tanto en nuestro mundo interior.

## CEREBROS SOLUCIONADORES

Piensa en algún problema que hayas tenido hace poco: llegar tarde a una reunión, querer arreglar una gotera en el tejado, encontrar un roto en el zapato. ¿Tu mente se puso a trabajar en ese problema y dio con soluciones? ¿Llamar para avisar de que llegabas tarde, buscar a alguien para arreglar el tejado, llevar el zapato al zapatero? Todas fueron soluciones estupendas y magníficas. Hasta ahí, perfecto.

El problema surge porque, además, tendemos a pedirle a nuestra mente solucionadora que afronte el torbellino de cosas que llevamos dentro, esto es, pensamientos, recuerdos, imágenes, sentimientos, ansias y sensaciones físicas.

«No sirvo para nada.» «Soy un fracaso.» «No puedo hacerlo.» ¿Te suena algo de eso? Apostaría a que sí. ¿Que cómo lo sé? Porque a casi todo el mundo nos pasa. Echa un vistazo de reojo a la persona que tengas sentada al lado mientras lees esto (da igual si estás en el trabajo, en casa o en el metro, o mirando por la ventana durante nuestro enésimo confinamiento): te garantizo que en algún momento u otro, esa persona también habrá tenido esos pensamientos. Kerry, la del departamento de informática, quizá parezca que tiene la vida solucionada, siempre tan optimista ella y con su fondo de armario tan armónico, pero su mente a veces la machaca, igual que hace la tuya.

¿Y qué intentas hacer con las evaluaciones, las comparaciones, los juicios y los motivos que surgen en tu mente? Tratas de arreglarlos o cambiarlos. Tratas de autoconvencerte para dejarlos a un lado o te reprendes por tenerlos. Tu mente se posiciona en ambos bandos hasta que, de pronto, te ves caminando por la calle, haciendo aspavientos y murmurando con pesimismo mientras los demás empiezan a cambiar de acera. O eso me han contado.

## SACO DE PENSAMIENTOS

Intentar cambiar los pensamientos no deseados, o suprimirlos, dejarlos a un lado u obviarlos no suele funcionar, pero lo hacemos de todos modos porque: a) estamos programados para ello (véase el capítulo anterior), b) la sociedad nos dice que no tengamos pensamientos negativos, y c) nadie nos enseña una alternativa. Yo no puedo hacer mucho respecto al punto a o b, pero voy a meterme en el argumento c. Voy a llamar a este intento de gestionar nuestros pensamientos SACO:

**S**uprimir
**A**bandonar
**C**ambiar
**O**bviar

Ningún libro puede jactarse de ser de autoayuda psicológica si no inventa un acrónimo.

Quiero demostrar por qué luchar contra los pensamientos no deseados no funciona. Vamos a probar una cosa. No pienses en un oso de pelo blanco. No pienses en ese oso blanco enorme que se mueve a paso pesado por el norte helado. Que no, que no pienses en eso. Piensa en otra cosa, en cualquier otra cosa, menos en ese oso blanco.

¿Y bien? ¿Qué tal? Ya imaginaba. Osos blancos por todas partes.

Este fenómeno lo investigó Daniel Wegner, profesor de

psicología de Harvard,[2] tras toparse con la siguiente frase en el relato de Dostoievski sobre sus viajes por Europa:

> Intenta imponerte la siguiente tarea: no pensar en un oso polar, y verás como el maldito animal se te viene a la cabeza constantemente.

Wegner decidió investigarlo en su laboratorio. Descubrió que al pedirle a la gente que no pensara en el oso, en realidad lo único que conseguía era llevarlo a sus mentes con mayor intensidad y frecuencia. Y no solo eso, sino que intentar eliminar la imagen del oso implicaba que la gente tenía que pensar primero en el oso para comprobar que no estaba pensando en el oso.

Ya intuyes adónde quiero ir a parar. Cuanto más intentemos expulsar un pensamiento de nuestra mente, más reverbera en nosotros. Cuanto más intentemos expulsar el «soy una matada», «soy fea», «estoy gordo», «no valgo nada» o «soy un fracaso», con más fuerza volverá a darnos en toda la cara. Y cuando intentes no pensar en eso, tendrás que comprobar que no estás pensando en eso, lo que significa que, de hecho, harás justo lo que estás esforzándote por no hacer.

## FUSIÓN COGNITIVA

Enredarse en la maraña de nuestros pensamientos es lo que se conoce como «fusión cognitiva». Es como quedarnos atrapados en nuestros pensamientos, como un ratón que cae en una de esas trampas pegajosas. El problema de fundirse con los pensamientos, o quedarse atrapado en ellos, es que nos impide pasar a la acción en nuestra vida, de forma muy similar a lo que le ocurre al ratón.

Nuestros pensamientos, y lo que nos dicen que podemos y no podemos hacer, llevan la voz cantante en nuestra vida. Cuando nos fusionamos con ellos, no estamos presentes, porque andamos demasiado preocupados intentando meterlos en un SACO. Y eso significa que no estamos presentes, que no estamos viviendo de acuerdo con nuestros valores y que no estamos actuando para hacer de verdad algo de forma distinta.

## PERO ¡ES QUE ES VERDAD!

A ver, nos preocupa mucho lo que es verdad y lo que no en el mundo exterior. Y eso está bien. Ver un semáforo en rojo y pensar: «No voy a acelerar para pasar», eso está bien. Recordar que tenemos que hacer la declaración de la renta es sensato. Ya sabes por dónde voy.

La clave es que no debemos olvidar que no importa si nuestros pensamientos son verdad o no. Voy a dejar reposar esa idea un momento, porque a la mayoría de la gente le cuesta asumirla, al grito de: «Pero ¡es que es verdad!».

Cuando debemos olvidarnos de si nuestros pensamientos son verdad o no es cuando se trata de evaluaciones, juicios, opiniones, motivos y críticas. Pongamos por caso que crees que te produce ansiedad hablar en público. Quizá sea verdad. Lo ideal sería que dieras pasos concretos para mejorar tus habilidades de oratoria, si es que eso es algo muy importante para ti. Sin embargo, demasiado a menudo ocurre lo siguiente:

> Hablar en público se me da mal. Me comen los nervios. Y mañana tengo que hacer la presentación esa delante de mi jefa. Sé que la voy a fastidiar, me estoy viendo. Voy a ponerme colorada y voy a trabarme, y todos mis compañeros empezarán con

> las risitas, en especial Kerry, la de informática. No sirvo para nada. Soy un fracaso total. Después de esto no me van a ascender nunca. No puedo soportar sentirme así. Quizá me despidan en la siguiente tanda de recortes, que seguro que va a llegar. ¿Y si no puedo pagar la hipoteca? ¿Tengo ahorros suficientes para sobrevivir unos meses mientras busco otro trabajo? Debería investigar si puedo solicitar un alivio hipotecario. Echaré un vistazo rápido en internet, aunque debería estar preparándome para mañana. A lo mejor tendría que pensar en mudarme con mis padres un tiempo. Dios mío, ¿qué le voy a decir a la gente si vuelvo a casa de mis padres? ¡Pensarán que soy una fracasada! ¡Y tendrán razón! Me siento fatal. Voy a llamar para decir que mañana me quedo en casa, que estoy enferma.

Bueno, ¿cómo hemos pasado de pensar en hacer una presentación a mudarnos con nuestros padres y dormir en la habitación de invitados al lado de la bici estática que ya nadie usa? Pues fusionándonos con todas las autocríticas y los juicios. Quizá en este ejemplo sea cierto lo de los nervios al hablar en público; quizá eso puedas mejorarlo. Pero fusionarte con esa idea te lleva rápidamente a una serie de pensamientos en modo piloto automático que te lanzan a un pozo de desesperación y limitan muchísimo cualquier tipo de medida que puedas tomar para mejorar de verdad tus capacidades de oratoria. Y, a corto plazo, eso funciona. Obviar algo así funciona. Te sientes mejor durante un tiempo. Sin embargo, no hace falta ser ningún genio para saber que si obviamos todas esas cosas repetidamente, la consecuencia a largo plazo será una vida limitada y restringida. Y sé que eso no es lo que quieres, porque aquí estás, leyendo este libro.

## HAY UNA ALTERNATIVA

Escucha, buenas noticias: no tienes que prestar atención a absolutamente todo lo que suelta tu mente sobre ti, ni tampoco tienes que meter en un SACO (suprimir, abandonar, cambiar, obviar) todo lo que se te pasa por la cabeza. Lo sé, ¿vale? Menuda locura. Para mí fue una revelación. Se lo dije a la amiga esa que hacía muchos aspavientos y hablaba sola, y también le pareció muy útil...

Podemos aprender a gestionar nuestros pensamientos sin meterlos en un SACO, esto es cambiando nuestra relación con ellos. Eso es crucial. Se puede tener un pensamiento sin darlo por válido. Aristóteles escribió: «Es señal de una mente erudita ser capaz de albergar un pensamiento sin aceptarlo». No lo olvides. Siempre está bien tener una cita de Aristóteles bajo la manga. Y con la práctica podemos conseguirlo.

Imagina que tus pensamientos son como el típico invitado pesado de una cena. No querías que viniera, pero se presentó con tu amiga del trabajo, Brigitte, y no puedes deshacerte de él. Tienes la opción de pasarte la noche mirándolo fijamente con la esperanza de que se vaya (cosa que no hará), pero eso supondrá que no atenderás al resto de los invitados como te gustaría. O bien puedes adoptar un enfoque distinto. Puedes decidir tratar bien a tu invitado no deseado, aunque no quieras. Puedes dirigirte a él con educación y mostrarle tu sonrisa más encantadora, ofrecerle un fantástico cóctel y unos canapés (reconozco que das unas cenas sofisticadísimas) y seguir alternando con el resto de la gente, asegurándote de que todo el mundo se lo pase bien. Esa es una manera mejor de disfrutar la noche que ponerte a maquinar en tono pesimista cómo encerrar a tu invitado no deseado en el baño de abajo, desatendiendo así a tus otras amistades, que se mueren de ganas de que les lleves los bocadillos de solomillo Wellington y les preguntes por la reforma de su casa. Lo mismo puede decirse de los pensamientos que no quieres: mézclate amablemente con ellos y te librarás de tener que echarlos.

## DESACTIVAR BOMBAS DE PENSAMIENTO

¿Y qué podemos hacer? Bueno, los métodos cognitivos tradicionales que consisten en buscar evidencias a favor y en contra de un pensamiento pueden funcionar. No obstante, con ello también podemos caer en la trampa de querer autodisuadirnos de ese pensamiento, y a nuestra mente no podremos superarla, mucho menos cuando se trata de autocríticas. Nuestra mente siempre será capaz de buscar una nueva forma de torturarnos.

La respuesta es crear un espacio entre quien piensa (nosotros) y nuestros pensamientos. Seguidamente, podremos elegir qué hacer con ese pensamiento, en vez de dejarnos avasallar por él. De verdad te digo que, si consigues aprender a gestionar tus pensamientos de forma eficaz, podrás transformar tu vida. Tú, y no tus pensamientos, estarás al mando de tu propia vida.

Para poder crear ese espacio entre tu persona y esos pensamientos que explotan como bombas por todas partes, habrá que desactivarlos. Desactivar pensamientos implica quitarles el poder o desentendernos de ellos. Recuerda que no se trata de averiguar si son ciertos o no.

Más abajo he recopilado algunos de mis ejercicios favoritos de desactivación. La finalidad de dichos ejercicios es ayudarte a dar un paso atrás y ver si aceptar esos pensamientos te sirve para avanzar hacia tus valores de vida (te contaré más al respecto más adelante) o te aleja de ellos. A veces, los pensamientos horrendos se disipan. Plantéatelo como un efecto secundario muy práctico de la desactivación, no como el objetivo principal, o dentro de nada me estarás insultando amargamente por no poder deshacerte de tus pensamientos. La cuestión estará siempre en ver si un pensamiento te ayuda a tomar medidas para llevar una vida rica, enérgica y con sentido.

Así que colócate el kit de desactivación de bombas de pensamiento y sigue leyendo.

## Tener pensamientos

Esta es una de mis maneras favoritas de desactivar autocríticas y evaluaciones.[3] Prueba a hacerlo.

- Evoca una autocrítica muy negativa que genere tu mente, como «soy un fracaso/fraude», «estoy gordo», «soy una mindundi». Hay todo un mundo de posibilidades.
- Pasa de treinta segundos a un minuto dejando que ese pensamiento te hinque bien los colmillos. Repara en qué sientes de verdad al aceptar ese pensamiento.
- Añade «estoy pensando que» delante de esa autocrítica. Quedaría así: «Estoy pensando que soy un fracaso/fraude», «estoy pensando que estoy gordo», etc. Si puedes escribirlo, mejor.
- Para alcanzar un nivel de desactivación ninja, prueba después con esta frase: «Me estoy dando cuenta de que estoy pensando que...».

Al final, terminarás con algo parecido a:

- «Soy un fraude.»
- «Estoy pensando que soy un fraude.»
- «Me estoy dando cuenta de que estoy pensando que soy un fraude.»

¿En qué has reparado? ¿Notas cierta sensación de distancia respecto a tus pensamientos? ¿Te sientes menos presa de ese pensamiento? Ahora que existe ese espacio, ¿qué libertad tienes para actuar de un modo distinto?

## Dale las gracias a tu mente

A veces siento que mi mente me hace llamadas molestas, como la gente que te llama al fijo (al fijo, sí, lo sé, ¿vale?) y que parece pensar que has tenido un accidente. La mente nos hace un truco similar, pero podemos desconectarnos de ella aprendiendo a darle las gracias por sus esfuerzos en vez de plantarle batalla.[4] Recomiendo, además, poner nombre a tu mente para potenciar los ejercicios de desactivación.

- **Mente:** Hola, soy yo. Creo que deberías preocuparte.
- **Tú:** Hola, Sheila. Gracias, pero estoy bien. Te agradezco que intentes ayudar con tu enorme antena detectora de fatalidades, pero lo tengo todo controlado.
- **Mente:** ¡Ja, ja! Eso no te va a funcionar. No vas a engatusarme tan fácilmente. Si no te preocupas de verdad ahora mismo por la inminente catástrofe de tu futuro, mañana estarás acabada.
- **Tú:** Gracias por tus pensamientos, Sheila. En serio, ya pillo que quieres ayudar. ¿Te apetece añadir algo más?
- **Mente:** Hum… Sí… Espera un momento…

- **Tú:** Oye, Sheili, mona, tengo cosas que hacer. Luego hablamos, ¿vale?

## Cantar y poner voces

Esta es otra manera de reducir un poco más el poder de nuestros pensamientos: elegir el pensamiento que nos esté fastidiando y cantarlo en voz alta.[5] Mucha gente lo hace con la melodía del *Cumpleaños feliz*, pero yo creo que *Mamma Mia* es una alternativa muy buena. Da igual cuál elijas. Canta a diferentes velocidades y verás lo que pasa con el pensamiento.

Otra opción similar es verbalizar el pensamiento con la voz graciosa del personaje de una peli, de un dibujo animado o de alguien famoso. ¿Acaso no se creó la voz de Mr. Bean para aplicar esta técnica? Prueba a decir «soy un fracaso total» con la voz de Mr. Bean y observa qué pasa en tu relación con ese pensamiento.

La base de esto no es, en absoluto, mofarse de uno mismo. Solo estás intentando ver tus pensamientos como lo que son, pensamientos, y no como mandamientos que se te han entregado en la ladera de una montaña.

## Limones

Hace más de cien años, un psicólogo llamado Edward Titchener descubrió que cuando las palabras se repiten una y otra vez pierden su significado.[6] Lo hizo con la palabra «leche», pero a mí me gusta hacerlo con «limón». O con «tenedor». «Tenedor» es una palabra tonta.

Probemos. Di la palabra «limón» en alto cuarenta veces. Mejor si no estás en el autobús. ¿Qué ha pasado? Estoy bastante segura de que la palabra «limón» se ha convertido en una serie de sonidos sin sentido y punto. Y cuando eso ocurre, las palabras empiezan a perder, además, sus asociaciones y su valencia emocional.

Quizá los limones, la leche o los tenedores no guarden muchas asociaciones ni emociones problemáticas para ti, pero apuesto lo que sea a que las palabras o frases que usas para criticarte sí: juicios como «imbécil», «gordo», «inútil», «mala persona».

Ahora repite el ejercicio, pero con las autocríticas que te haces. Repítelas al menos cuarenta veces para quitarles el poder emocional que tienen. No estarás intentando autoconvencerte de si tu crítica es cierta o no. Solo intentarás quitar poder a las palabras que escupe tu yo crítico interior.

¿En qué has reparado? ¿Ha cambiado el poder de esas palabras? Si te funciona, procura hacerlo un par de veces a la semana; aunque es preferible que no te pongas a cantar «inútil» como un mantra mientras estés en una reunión con tu jefa.

## Lleva tus pensamientos encima

Escribe el pensamiento que te esté fastidiando en un trocito de papel y guárdalo en la cartera o en el monedero.[7] Tal vez sea un pensamiento angustiante o doloroso, pero la pregunta que debes hacerte es si estás dispuesto a llevarlo encima y a verlo como lo que es: un conjunto de palabras que no dictan lo que puedes hacer o no. Yo llevo uno en el monedero que dice: «Soy una psicóloga malísima». Quizá sea verdad, o no, pero yo sigo yendo a trabajar a diario para intentar ayudar a la gente. Cuando surge ese pensamiento, recuerdo el trocito de papel del monedero, me doy por enterada y sigo haciendo lo que es importante para mí. Solo es un pensamiento.

## El cine de tu cabeza

Hasta el momento me he centrado en los pensamientos, pero por supuesto somos muchos quienes no pensamos solo en palabras. Vemos cosas en imágenes vívidas (ensoñaciones, fantasías o recuerdos) y podemos fundirnos con ellas igual que con los pensamientos.

Las imágenes tienen un efecto mucho más intenso en el cerebro que las palabras. Ver algo vívidamente en tu mente provoca unas emociones más poderosas que si solo piensas en ello con palabras.

Al igual que los pensamientos, las imágenes que proyectas en tu mente tienen la capacidad de atraparte. Nuestro cerebro sabe reproducir una y otra vez un encuentro complicado con nuestra pareja que nos ha dejado desanimados y abatidos, o crear una vívida película en la que perdemos el trabajo, la casa, los hijos y el hámster hasta acabar rebosantes de ansiedad. En esencia, a nuestra mente le gusta predecir la fatalidad (recuerda que intenta ser tu amiga y mantenerte a salvo) y luego reproducirla en tu cabeza en un glorioso y vívido tecnicolor, con el título *HAZ ALGO AL RESPECTO YA* estampado en letras gigantes.

Igual que apartas los pensamientos que no quieres, seguramente hayas apartado también imágenes que no quisieras. Quizá eso funcione a corto plazo: los pensamientos y las imágenes se alejan un rato, pero gracias a nuestros amigos peludos, los osos blancos, sabemos que volverán con mayor intensidad y con más frecuencia. En vez de desperdiciar tu preciada energía mental en eliminar pensamientos e imágenes, prueba con estas técnicas para desactivar la reproducción de películas en tu mente.

Y recuerda que no tratas de deshacerte de esas imágenes porque no las quieres, sino que solo intentas verlas como lo que son.

¡Ojo! Si hay imágenes traumáticas del pasado relacionadas con sucesos como maltratos, episodios de violencia o agresiones que te causan angustia, te recomiendo encarecidamente buscar ayuda profesional y no tratar de gestionar esas imágenes intrusivas con las siguientes técnicas.

### Pantallas de televisión

Imagina que colocas la imagen que te inquieta en una pantalla de televisión o en el teléfono.[8] Ahora juega con ella. Ponla en blanco y negro, colócala bocabajo o hazla borrosa. Pásala adelante o atrás a velocidad doble. El objetivo no es que desaparezca, sino que veas que sencillamente es una imagen que no puede hacerte daño.

### Convertirla en un tráiler

Imagina que estás en el cine viendo un tráiler hecho con esas imágenes. Lo mejor es montar uno de esos clips cursis con una voz en *off* ridículamente dramática: «Esta vez, Helen fracasará como nunca y perderá todo lo que aprecia en la vida. Muy pronto, en tu mente más cercana».

### Proyectarla

Imagina que la imagen está en todas partes, rodeándote. Proyéctala en un muro, ponla en una valla publicitaria o imagínala como un cuadro colgado en el salón.

## ¿TENGO QUE DESACTIVARLO TODO? MENUDO TRABAJAZO...

No, no es necesario desactivarlo todo. De hecho, fusionarte con tus pensamientos puede resultar divertido, como cuando lees un libro o ves una película. Te apetece integrarte en la historia y que te atrape. ¿Por qué no? Mientras no te impida vivir según tus valores (de eso hablaré en otro capítulo), adelante. No tendría mucha gracia estar viendo a Luke a punto de destruir la Estrella de la Muerte mientras te vas diciendo para tus adentros que eso no son más que maquetas de plástico y que en realidad no existe ninguna galaxia muy muy lejana. Queremos que el relato nos atrape por completo, y queremos creer que de verdad somos *jedis* que podemos usar la fuerza para atraer el mando de la tele que está al otro lado de la mesita. El problema llega cuando nos metemos tanto en la idea de que somos *jedis* que ya no vamos al trabajo, ni hablamos con nuestra familia ni con nuestros amigos, sino que nos limitamos a pasar el tiempo construyendo cazas *Ala-X* a tamaño real con cajas de zapatos y papel de aluminio.

Una buena regla básica es desactivar los pensamientos que ni te funcionan ni te sirven para ser el tipo de persona que quieres ser. ¿Aceptar pensamientos autocríticos te motiva para trabajar más? Seguramente a corto plazo sí, pero suele ser insostenible. Quizá logres ser mejor en el trabajo, o ser mejor pareja o amiga. Pero si de verdad quieres cambiar esas cosas, pregúntate qué enfoque te mueve a pasar a la acción para hacer realmente algo. ¿Aferrarte a la idea de «soy horrible» y no salir de ahí, o desactivar ese pensamiento y tomar medidas relevantes, movidas por tus valores, para mejorar tu vida?

## UNAS PALABRAS SOBRE EL PENSAMIENTO POSITIVO

Llegado este punto, la mayoría de la gente entrecierra los ojos y, mirándome con gesto de sospecha, me dice: «¿Y el pensamiento positivo qué?» o «A mí las afirmaciones positivas me hacen sentir mejor. No me quites las cosas que me hacen sentir mejor». Sí, a veces es así. Todo depende del contexto: cuándo y por qué las usas. A veces está bien fundirnos con ideas del tipo «soy una máquina aparcando» o «he clavado la entrevista». Pero corremos el riesgo de fundirnos hasta un punto poco sano: «Se me da tan bien conducir que puedo hacerlo con unas copas de más» o «Soy un cirujano tan fantástico que no necesito cumplir las normas sobre donaciones ilegales de órganos». Donald J. Trump es un buen ejemplo de fusión poco sana con el pensamiento «positivo».

La cuestión es: ¿Fundirte con tus pensamientos te ayuda a llevar el tipo de vida que quieres llevar y a ser el tipo de persona que quieres ser? Si es así, si el pensamiento positivo te funciona, adelante, pero átalo en corto. Casi siempre, el pensamiento positivo compulsivo es una manera de enmascarar sentimientos y emociones más oscuros y complicados. Y adivina, adivinanza: a largo plazo, tampoco sale nada bueno de ahí.

| **RECAPITULACIÓN** |
| --- |
| Puedes transformar tu vida si cambias tu relación con los pensamientos, los recuerdos y las imágenes que se te pasan por la cabeza. Aprender a verlos sencillamente como sucesos cognitivos, y no como decretos de un dictador, los desproveerá de su poder y te otorgará una libertad enorme. |

3

# CÓMO SENTIR MEJOR

> Nuestros sentimientos son los caminos más auténticos que tenemos hacia el conocimiento.
>
> AUDRE LORDE[9]

¿Quieres «sentirte» mejor o «sentir» mejor? La primera opción consiste en intentar sentir solo «emociones positivas». La segunda, en sentir todas las emociones que surjan para poder vivir la vida plenamente, con todas sus imperfecciones. Adivina de cuál voy a hablarte. La resiliencia no va de evitar emociones ni de dejarse controlar plenamente por ellas, sino que consiste en ser flexible y adaptarte a las emociones para poder comportarte de la manera que más sentido tenga para ti. Dedica un segundo a imaginar que eres capaz de hacerle espacio a cualquier emoción que el mundo te lance hoy (ansiedad, tristeza, culpa, felicidad, alegría, frustración, impaciencia) y seguir haciendo aquello que te importa. Sigue leyendo para descubrir cómo empezar a crear una resiliencia duradera.

## EMOCIONES: TODA LA VERDAD

Las emociones son cambios fisiológicos complejos que se originan en el mesencéfalo. Cuando ocurre algo (ya sea interno, como un recuerdo o un pensamiento, o externo, como discutir con alguien o recibir malas noticias), el cerebro lo registra como una cosa que necesita atención. Así que nos prepara para responder y actuar. Pero todo eso ocurre a mayor velocidad de lo que se tarda en decir: «¡Estoy genial! ¿Y tú?».

Aunque se ha debatido mucho acerca de cuántas son las emociones humanas, digamos que hay seis básicas:

- Miedo
- Ira
- Asco
- Tristeza
- Sorpresa
- Alegría

¿Cuáles te gustan? ¿La alegría? A mí también. La sorpresa puede estar bien, siempre que sea en plan «me he encontrado un diamante en el hueco del sofá» y no en plan «maldita sea, se me ha metido un escorpión en el zapato». Respecto a las demás, bueno, son un poco regulares, pero la evolución nos ha llevado a sentirlas. De nuevo, no están mal, porque nos han ayudado a sobrevivir. Pero lo más raro de todo es otra cuestión: todo el mundo ansía sentir cosas. Buscamos experiencias que nos hagan sentir de una determinada manera: vemos comedias para sentir alegría, películas de terror para sentir miedo y *E. T.* para sentirnos superdesolados y deprimidos. ¿Y quién no ha deambulado por ahí escuchando a Joy Division y conectando con su tristeza? Buscar esos sentimientos a través de la música, del arte o de la literatura es una necesidad básica, aunque solo nos gusta si podemos controlar la cantidad de emoción a la que nos exponemos y la manera en que lo hacemos. Los problemas reales surgen no con las emociones en sí, sino con el modo en que tratamos de deshacernos de ellas cuando aparecen sin avisar.

## DOLOR LIMPIO FRENTE A DOLOR SUCIO

Sobre la felicidad circulan muchos bulos. Quizá el más convincente sea que la felicidad es el estado normal de los seres humanos. Volvamos a repasar la lista de antes. No andamos rebosantes de buenos sentimientos, ¿eh? Más del treinta por ciento de esa lista corresponde a lo que consideraríamos emociones «negativas». No hemos sobrevivido a base de relajarnos y ser felices. Cuando sentimos una emoción negativa de las consideradas naturales y normales, algo que puede ser totalmente apropiado, pensamos que debemos deshacernos de ella. Imagina que te quedas sin trabajo, se acaba una relación o uno de tus padres desarrolla una enfermedad terminal. ¿No es apropiado en ese contexto sentir tristeza, ansiedad, temor? Considéralo un dolor «limpio», el dolor emocional normal que nos viene de serie como seres humanos. El problema sucede cuando intentamos meter en un SACO (suprimir, abandonar, cambiar, obviar) ese dolor «limpio», afrontándolo de manera ineficaz, y creamos con ello un nuevo tipo de dolor: un dolor sucio. El dolor sucio es aquel que sentimos cuando intentamos anular el dolor limpio, de manera que aumenta nuestro sufrimiento: por ejemplo, si empezamos a evitar relaciones, o bebemos y comemos demasiado para sentirnos mejor, o si nos encerramos tanto que nuestra vida queda limitada. Irónicamente, las cosas que hacemos para controlar el dolor limpio original empiezan a su vez a controlarnos y a limitar nuestra vida, de forma que acabamos teniendo nuestro dolor limpio original (tristeza al término de una relación, por ejemplo) más un nuevo dolor sucio (un problema de alcohol que probablemente esté empeorando nuestro dolor emocional original y alejándonos del tipo de vida que queremos). Míralo de esta manera: el dolor limpio es inevitable cuando te permites el lujo de preocuparte por las cosas de la vida. El dolor sucio es opcional si encuentras formas mejores de afrontar el dolor limpio.

## LAS EMOCIONES SON EN REALIDAD PELOTAS DE PLAYA

Pido un poco de paciencia, porque esta es una manera muy útil de concebir las emociones.[10] Cuando te vas de vacaciones, ¿te entretienes en la piscina intentando hundir una pelota de playa bajo el agua? Requiere mucha energía mantenerla hundida, ¿verdad? Desde luego no se puede hacer mucho más al mismo tiempo. ¿Y qué pasa cuando la sueltas? Que salta de golpe fuera del agua y te da en toda la cara con mucha fuerza, y que la gente que está relajada al borde de la piscina se ríe de ti mientras procuras fingir que tenías toda la intención de hacer lo que has hecho.

## SI QUIERES PERDERTE TU PROPIA VIDA, HAZ ESTO

Si apartas las emociones que no te gustan, a) te volverán a dar en toda la cara como una pelota de playa, y b) te perderás el resto de tu vida porque habrás gastado toda tu energía en intentar deshacerte de lo que no quieres sentir. A este intento de deshacerse de emociones lo llamamos «evitación experiencial». Se trata del rechazo a estar en contacto con experiencias interiores angustiosas, aunque ello te provoque sufrimiento a largo plazo.

Cuanto más pienso en ello, más creo que apartar emociones no deseadas repetidamente es la causa misma de mucho sufrimiento innecesario. Sí, las estrategias que usamos para evitar emociones funcionan a corto plazo, y por eso seguimos empleándolas, pero poco a poco erosionan nuestra calidad de vida y nos alejan de aquello que valoramos.

Y no sorprende que lo hagamos. Muy pocos aprendemos a afrontar emociones de manera eficaz. Dudo que en la escuela den clases de «apertura emocional» después de matemáticas los lunes por la mañana. Parece que nuestras opciones son anular las emociones complicadas, inundándolas de emociones positivas, o deshacernos de ellas por completo.

## METERNOS EN UN SACO

¿A cuáles de los siguientes elementos recurres para meter en un SACO (suprimir, abandonar, cambiar, obviar) tus sentimientos?

- Alcohol
- Drogas
- Comida
- Sexo
- Ejercicio
- Televisión
- Internet
- Autocrítica
- Culpar a los demás
- Evitar la intimidad
- Decirte afirmaciones positivas

No es una lista exhaustiva, así que tómate la libertad de añadir tus propias estrategias de afrontamiento. Por supuesto, no hay nada malo en hacer ninguna de esas cosas de forma ocasional. Insisto en ello. A mí, como a cualquiera, también me gusta acabar con la cara manchada de chocolate de comer galletas delante de la tele. Sin embargo, el problema viene cuando eso se convierte en la respuesta habitual, en piloto automático, ante tus emociones y lo utilizas en exceso. Estas estrategias funcionan todas a corto plazo (y por eso seguimos recurriendo a ellas), pero, si las analizas atentamente, las consecuencias a largo plazo no son precisamente fantásticas, ni en términos de salud física ni en términos de salud mental; además, seguramente, esas estrategias de afrontamiento rígido te están llevando en dirección opuesta a aquello que te importa de verdad.

## LA HISTORIA DE TUS EMOCIONES

Puede resultar útil preguntarte qué has aprendido sobre las emociones a lo largo de tu vida, y en especial en tu infancia. Plantéate lo siguiente:

- ¿Qué emociones estaban vetadas?
- ¿Qué emociones se expresaban abiertamente?
- ¿Qué hacían o decían los adultos de tu alrededor cuando te enfadabas?
- ¿Qué estrategias empleaba la gente de tu alrededor para afrontar emociones complicadas?
- ¿Sigues usando las mismas estrategias que aprendiste hace tantos años para afrontar emociones complicadas?

No existe algo así como una crianza «emocional» perfecta, así que, por favor, no vayas a pensar que alguien, en algún lugar, está llevando una vida perfecta, surcando sin ningún problema el mar de varapalos emocionales de la vida. Todos aprendemos cosas útiles y cosas inútiles. Estas preguntas son solo una manera de empezar a entender los juicios de valor que quizá lleves contigo, y de saber si aún te resultan de utilidad.

## PREGÚNTATE ESTO, NO AQUELLO

Esta es la pregunta clave que debes hacerte:

> ¿Qué estoy dispuesto a sentir para llevar el tipo de vida que quiero?

En vez de:

> ¿Qué puedo hacer para dejar de sentirme así?

Ni tú ni yo tenemos un control absoluto de nuestras emociones. A veces podemos influir en ellas y evitarlas durante un tiempo, pero lo único que verdaderamente controlamos es lo que hacemos en realidad cuando surgen esas emociones.

Imagina que tienes dos indicadores en el cuerpo. El primero es un indicador de angustia emocional. Fluctúa según lo que ocurra en tu vida. No consigues un ascenso, tu hijo enferma gravemente, se te muere el perro: el indicador se disparará hasta el 10/10 en la escala de la angustia. Mientras haya personas y cosas que te importen, en tu vida existirá la angustia emocional. Imagina que ese indicador lo llevas acoplado con firmeza entre los omóplatos. No puedes llegar a él, así que no puedes ajustarlo aunque lo intentes haciendo todas las contorsiones posibles en múltiples posiciones raras.

Ahora imagina que tienes otro indicador en el antebrazo. Es el de la voluntad. Ese indicador establece tu disposición a sentir una emoción, la que sea. Puedes llegar a él con facilidad y toquetearlo. Tienes el control absoluto, la posibilidad de elegir. Cuando inevitablemente ocurre algo que desencadena una emoción que no quieres, puedes ponerte del revés intentando controlar el indicador de la espalda (y aunque llegaras a él, no lograrías cambiar tus emocionas a largo plazo), o puedes llevar al máximo el indicador de apertura emocional y aceptar tus emociones.

## LO QUE LA ACEPTACIÓN NO ES

Antes de que lances el libro por la ventana refunfuñando porque te estoy diciendo que te sientas mal el resto de tu vida, escucha una cosa.

Aceptar las emociones no es tolerarlas y aguantarlas mientras aprietas los dientes. No es hacer de tripas corazón, conformarse, soportarlas, sonreír y seguir tirando, resignarse, rendirse, desistir o anularlas. Todo eso implicaría tener que cambiar de algún modo nuestras experiencias interiores; eso no es la aceptación.

Aceptar nuestras emociones consiste en dejar espacio para lo que se presente, incluso aunque no lo queramos, no nos guste o no lo aprobemos. La aceptación es tener predisposición a sentir las emociones, abrirte a ellas, acomodarlas, hacerles sitio, sentir curiosidad por ellas y dejar hueco para todas las que aparezcan. ¿Y por qué ibas a hacer algo así? Pues para poder tomar medidas acordes a tus valores. Incluso sintiendo emociones incómodas puedes seguir haciendo lo que más te importa, porque no estarás malgastando energía intentando meter esas emociones en un SACO.

Y otra cosa que la aceptación no es: aceptar no implica consentir situaciones como el acoso, el maltrato o la injusticia. Aceptar consiste en hacer sitio a las emociones que surgen en esas situaciones, de manera que podamos cambiarlas. Reprimir la ira y el miedo quizá nos lleve a una situación peor. Pasearse con un rictus sonriente en la cara, diciendo: «¡Todo va de maravilla!», mientras sufres por dentro es algo increíblemente doloroso que echa por tierra lo que nos está diciendo el dolor: que esa situación no nos viene bien. Dejar sitio a esas emociones para hacer algo al respecto puede mejorar tu vida y la de otras personas, y de un modo notable. ¿Qué habría pasado si Nelson Mandela, Rosa Parks o Emmeline Pankhurst no hubiesen hecho caso a su dolor emocional?

## GUÍAS SABIAS

En vez de concebir tus emociones como cosas irritantes que hay que controlar, piensa en ellas como si fueran guías sabias que tienen algo que enseñarte sobre lo que te importa de verdad. Hay cierta sabiduría en tus sentimientos dolorosos. Te hablan sobre lo que valoras. No sientes tristeza, enfado, miedo ni indignación por cosas que te dan exactamente igual.

Imagina que soy una hechicera listísima, la primera de mi clase en Hogwarts, y que podría hacer un conjuro espectacular para que no sintieras tristeza, miedo, ansiedad, frustración, impaciencia ni nada que no te gustara (chúpate esa, Hermione Granger). Pero la contraprestación de ese hechizo es que no podrías sentir alegría, felicidad, amor, satisfacción, placer ni nada de lo que te gusta. ¿Qué elegirías? La mayoría de la gente dice que si esa es la alternativa, no quieren mi extraño conjuro. La mayoría de la gente no quiere una vida desprovista de sentimientos. Lo que necesitamos, por el contrario, son mejores formas de gestionar esos sentimientos para que no se interpongan en la vida que queremos llevar.

## LUCHAR NO, SORTEAR SÍ

En vez de luchar contra nuestras emociones, debemos aprender a sortearlas. Propongo a continuación un ejercicio para practicar la búsqueda de espacios para los sentimientos, de forma que podamos aprender a surcarlos en vez de combatirlos. Intenta hacerlo todos los días y recuerda que no hay que aceptar todos los sentimientos a todas horas y todos los días. Todo el mundo necesita distraerse y evadirse a veces, pero trata de hacer sitio a algunos de esos sentimientos que siempre procuras evitar.

### Desactivar

La idea de que podemos aprender de las emociones dolorosas no es algo que encajemos fácilmente, y quizá te estén rechinando los dientes mientras lees esto. Sin embargo, aquí es donde entran en acción tus capacidades de desactivación del capítulo anterior. Repara en cómo tu mente dice: «Eso no lo voy a hacer ni por asomo, ¡de qué vas!», y dale las gracias por sus esfuerzos, para así poder pasar a la acción y hacer este ejercicio. Recuerda que quizá surjan pensamientos furtivos como «¿por qué estoy sintiendo esto?», «¿qué me pasa?», o «¿por qué me siento así?». De nuevo, usa tus habilidades de desactivación para alejarte de tu mente y continuar.

## Percibir

Las emociones se perciben en el cuerpo, y reparar en ellas es el primer paso. Hagamos una exploración rápida para que notes dónde las estás sintiendo. Este ejercicio debería durar un par de minutos, pero puedes alargarlo si quieres. El objetivo no es relajarse, sino confirmar lo que pasa en tu cuerpo.

- Cierra los ojos y respira hondo unas cuantas veces.
- Nota los puntos en los que tu cuerpo toca la silla o tus pies tocan el suelo.
- Siente la sensación de inhalar y exhalar.
- Percibe cómo el aire entra en tu cuerpo y en tu pecho, nota cómo tu pecho sube y baja al respirar.
- Mira a ver si puedes reparar en algún sentimiento que sueles evitar: tal vez tristeza, culpa, miedo o ansiedad. Si no te viene nada, piensa en un momento reciente en el que hayas sentido una emoción no deseada. Intenta que el recuerdo sea vívido para sentir esas emociones igual que las sentiste en aquel momento.
- Escanea tu cuerpo de arriba abajo, empezando por la cabeza, luego el cuello, los hombros, el pecho, el vientre, los brazos, las piernas y los pies, para ver qué sensaciones físicas tienes y te urge eliminar.

## Etiquetar

¿Qué es lo que estás sintiendo? Di para tus adentros: «Estoy notando un sentimiento de ansiedad/frustración/irritación» (rellenar según convenga).

Parece fácil de hacer, pero en realidad pocas veces nos tomamos el tiempo necesario para percibir lo que sentimos y ponerle nombre. Aprender a etiquetar lo que sientes es una experiencia intensa si no tienes la costumbre de hacerlo. Prueba a ver si logras saber cómo te sientes por dentro cuando tienes una emoción determinada y en qué difiere de otras emociones. ¿Cómo es la tristeza para ti? ¿En qué se diferencia del aburrimiento o de la frustración? Empieza a aprender cómo son tus emociones.

## Explorar

Es hora de hacer teatro, aunque no voy a pedirte nada raro. Imagina que trabajas en un laboratorio y estás investigando una sensación en el organismo (a mí me gusta imaginarme como una de esas formidables damas eduardianas con sombreros grandes que cazaban cosas con redes), y nunca has visto nada como eso antes. Pregúntate:

- ¿En qué parte del cuerpo siento esto?
- Si le dibujase el contorno, ¿qué forma tendría?
- ¿De qué color es?
- ¿Qué textura tiene?
- ¿Qué temperatura tiene? ¿Es caliente o frío?
- ¿Lo notas cerca de la superficie o muy adentro?
- ¿Se mueve o está quieto?

Mientras reparas en todo eso, intenta fijarte en cualquier otra cualidad física que pueda tener.

## Respirar

Conforme vas reparando en todos los rasgos de esa emoción, intenta abrazar esa sensación con tu respiración y darle más espacio para que permanezca ahí. Imagina que puedes expandirte en torno a esa sensación y dejarle sitio. No tienes que hacer nada más, solo ver si puedes encajarla.

## Ser como el cielo

Para esta práctica, el imaginario puede ser nuestro aliado. Imagina que eres el cielo y que el clima representa tus emociones.[11] El clima a veces es bueno y otras, horrendo. Cambia constantemente, y aun así el cielo siempre lo acoge. Igual que el clima no puede dañar el cielo por muy feroz que sea la tormenta, tus emociones no pueden hacerte daño. ¿Son incómodas? Sí. ¿No deseadas? También. ¿No solicitadas? Por supuesto. ¿Dañinas de por sí? No.

## Sujetar con delicadeza

Empezar a dejar espacio a las emociones tras toda una vida haciendo básicamente lo contrario es mucho pedir y puede resultar una experiencia muy intensa, así que no te trates con demasiada dureza. Surgirán recuerdos y pensamientos complicados; es normal y esperable. Comprueba si eres capaz de palpar lo que te dicen esas experiencias dolorosas sobre lo que te importa. Imagina que puedes sujetar o agarrar tus emociones con delicadeza, como si fueran una suave mariposa o un bebé que llora.

## Los sentimientos cambian. O no

Al igual que ocurre con la desactivación de pensamientos, un efecto secundario agradable de aceptar las emociones es que quizá desaparezcan las experiencias desagradables. Si ocurre, genial, pero no esperes que pase siempre ni lo conviertas en tu objetivo. De otro modo no estarías adoptando de nuevo una actitud de no aceptación de tus emociones. Si cambian, bien estará. Y si no, también.

## SURFEAR LAS ANSIAS

A veces, las emociones nos llevan a sentir ansias de hacer algo con ellas, y casi siempre la cosa se reduce a intentar cambiar la experiencia y la situación en que nos encontramos. Con frecuencia cedemos a las ansias de comernos una tableta de chocolate tamaño familiar, tomarnos el tercer martini, gritarle a alguien que nos está molestando o buscar por internet cachorros de panda (bueno, o eso me han contado que hace la gente), en vez de llevar a cabo las otras cosas que sí nos importan. La consecuencia es que cuando cedemos a las ansias, desaparece la sensación que no queremos, así que aprendemos a seguir repitiendo lo mismo.

Desde luego, si ninguna de estas conductas se entromete a largo plazo en una vida de valores, pues nada: príngate la cara de chocolate, rellena la copa y no te despegues de la cámara de pandas. Sin embargo, sospecho que, si recurres a esas cosas en exceso y cedes a cualquier ansia que sientas, es porque hay algo que no va bien.

A esas ansias cedemos porque sentimos que, de no hacerlo, las propias ansias nos inundarán y no seremos capaces de salir a flote. Y, dado que hacemos algo para deshacernos de ellas, nunca descubrimos que no existe tal inundación y que las olas de nuestras ansias sencillamente fluirían hasta romper en la orilla y seguir a lo suyo.

La estrategia alternativa para resistir las ansias o controlarlas es aprender a surfearlas. «Surfear las ansias» es un término acuñado en la década de 1980 por dos psicólogos estadounidenses, que trabajaban con adicciones, por lo que sabían un par de cosas sobre ansias inútiles.[12] En vez de intentar resistir a las ansias o luchar contra ellas, estos psicólogos sugerían que podemos aprender a surfearlas y así ver que, de manera natural, fluyen y refluyen, como las olas del mar. Suena bien, ¿no?

Para surfear las ansias se utilizan todas las técnicas que ya has usado anteriormente. Se hace así:

- Repara en el ansia en tu cuerpo. ¿Dónde la sientes?
- Nota, además, qué está haciendo tu mente. ¿Te está alentando para que cedas al ansia, te dice que no puedes afrontarla, o está creando imágenes con lo bien que te sentirás si sucumbes a ella? Desactiva estos pensamientos e imágenes con las técnicas del capítulo anterior.
- Etiquétala. Di: «Estoy notando ansias de...».
- Abraza el ansia con la respiración y déjala estar ahí. No intentes juguetear con ella.
- Date cuenta de cómo fluye y refluye. El ansia quizá aumente o disminuya.
- Nota que hay un espacio entre la experiencia del ansia y la acción que emprendes.
- Ahora puedes decidir cómo responder. Pregúntate qué medida puedes adoptar que se ajuste a tus valores.

## RECUERDA TU PORQUÉ

Al hacer sitio a esas experiencias interiores desagradables, complicadas y no deseadas, estás trabajando en el camino hacia una vida acorde con tus valores. No estás exponiéndote a las emociones por diversión y punto; hay mejores formas de divertirse. Uno de los grandes regalos que recibes al aceptar emociones es decirte qué te importa de verdad en la vida. Tus habilidades de desactivación y aceptación serán cruciales cuando llegue la hora de ayudarte a descubrir qué es lo más relevante para ti en la vida.

**RECAPITULACIÓN**

Sientas lo que sientas, estará bien. Ninguna emoción está fuera de lugar, diga lo que diga tu mente. Aprender a hacer sitio a los sentimientos y las sensaciones que surjan en tu cuerpo te permitirá descartar estrategias inútiles de superación y favorecer conductas que te ayuden a ser el tipo de persona que quieres ser y a llevar el tipo de vida que quieres llevar. Y no solo eso, sino que al hacer sitio a tus sentimientos, optas por la sabiduría y por el conocimiento. Y con el conocimiento viene el poder de adoptar medidas transformadoras.

# 4

# CÓMO TOMAR PERSPECTIVA

Conócete a ti mismo.

Inscripción en el templo de Apolo en Delfos

Autoconocerte es más que la suma de lo que piensas y sientes sobre ti y sobre el mundo que te rodea. Si quieres adoptar una perspectiva realmente más amplia y desarrollar una conciencia más profunda de tu ser para «autoconocerte» de verdad, tendrás que exprimir otras cosas. Ahora abordaré algunas ideas de hondo calado, así que mejor ponte el polo negro de cuello alto, prepárate un expreso y enciéndete un Gauloise metafórico.

## HOJAS EN UN RIACHUELO

Primero prueba a hacer este ejercicio conmigo y luego hablamos.[13]

- Adopta una postura cómoda y cierra los ojos o mantén la mirada fija en un punto.
- Imagina que te has sentado al borde de un riachuelo con una corriente suave. Pasan hojas flotando. Tómate la libertad de visualizar la escena como quieras.
- Durante los próximos minutos, coge todos los pensamientos que te vengan a la cabeza, colócalos sobre una hoja y deja que se vayan flotando.

- Da igual si son pensamientos negativos o positivos, horribles o maravillosos: déjalos sobre una hoja y que se alejen flotando.
- Repara en que una parte de ti está creando esos pensamientos y poniéndolos en las hojas, y también en que está juzgando este ejercicio y cómo lo estás haciendo.
- Nota, además, que otra parte de ti está reparando en la parte que lo está pensando todo.
- Es normal y natural que tu atención empiece a divagar. En cuanto te des cuenta de que está pasando eso, reconócelo y vuelve al principio del ejercicio.
- Observa que hay una parte de ti que puede notar cuándo te distraes y que puede devolver tu atención al principio.
- Te distraerás una y otra vez, es normal. Nota cómo tus pensamientos van y vienen sin cesar, pero la parte de ti que repara en ellos siempre está ahí.

Uf, mucho notar y reparar, ¿no? Bueno, vamos a desmigar esto un poco. Seguro que se te han pasado un montón de cosas por la cabeza: pensamientos sobre ti, sobre el ejercicio, sobre lo que tienes que hacer hoy. Ese era tu «yo pensante» en plena actividad. Pero ¿te has dado cuenta también de que podías «reparar» en tu yo pensante mientras este actuaba? Es todo tan «meta» que me duele la cabeza y ni he empezado. La parte de ti que se ocupa de reparar en todo eso es algo para lo que no tenemos una palabra cotidiana, pero vamos a llamarla «yo observador». Y creo que te va a gustar.

## TU YO PENSANTE

El yo pensante se compone de todos nuestros pensamientos, imágenes, recuerdos, sentimientos y sensaciones físicas que tenemos o experimentamos respecto a nuestra persona, a otras personas y al mundo en general.[14] Como ya sabes por capítulos anteriores, ser capaz de pensar en las cosas es importante, pero no siempre ayuda enredarse demasiado en todo ese rollo *mentaloide*.

El yo pensante es como el teletipo que sale en la parte inferior de la pantalla de los canales de noticias de 24 horas, en los que todo parece estar clasificado como ÚLTIMA HORA. Lo mismo ocurre más o menos en nuestra mente, aunque con un flujo constante de pensamientos e imágenes. Seguramente inviertes mucho tiempo interactuando con el mundo desde la perspectiva de tu yo pensante, y muy a menudo te quedarás atrapado en lo que te dice.

## TU YO OBSERVADOR

He aquí la parte profunda. Cada vez que piensas, juzgas, evalúas, recuerdas, imaginas o razonas algo, existe una parte independiente de ti que está reparando en todo lo que hace tu mente. Puede notar que estás reparando en tus pensamientos, o reparar en que estás mirando o escuchando algo, como ocurría en el ejercicio al principio de este capítulo. Puede reparar incluso en que estás leyendo esto ahora mismo. Está ahí, ahora mismo, mientras lees. Quizá estés leyendo estoy pensando: «Me encanta este libro» o «Menudo desperdicio de dinero, podría habérmelo gastado en patatas fritas». Al hacerlo, tu yo observador está ahí, reparando en que estás leyendo y pensando.

O quizá mientras lees descubras que te estás distrayendo. A lo mejor estás pensando en poner la lavadora o en si te hace falta más tomate de bote (la respuesta siempre es sí). Y cuando te das cuenta de que te has distraído y vuelves a poner la atención en esta lectura (confío en que sea eso lo que hayas hecho, aunque lo mismo te has ido a separar la ropa clara de la oscura), es tu yo observador quien lo hace.

Ser capaz de acceder a esa parte de ti es clave para desarrollar una autoconciencia más profunda y una perspectiva que vaya más allá de lo que genera tu yo pensante. Tendrás entonces la capacidad de adoptar la perspectiva panorámica definitiva. La próxima vez que Zoe, la de marketing, te pida que participes en un ejercicio de «pensar sin limitaciones» y tengas ganas de clavarte el boli en el ojo, pregúntale si no sería mejor que exprimieseis vuestros yoes observadores: eso sí sería adoptar una perspectiva panorámica de verdad. Luego, date cuenta de tus pensamientos y juicios cuando la veas responder que no con los dientes muy apretados en una sonrisa. Para conseguir puntos extra, repara incluso en cómo ella está reparando en ti. Y ahí ya para, antes de que te despidan.

Cuando me enteré de la existencia de esta «otra» parte de mí, sentí que tenía a una acosadora en mi cabeza que me espiaba de una manera un tanto siniestra por entre las ventanas de mi mente, que había algo similar al ojo de Sauron que me vigilaba mientras yo luchaba por abrirme paso en el Mordor de la vida. Sin embargo, una vez que te acostumbras a la idea, te das cuenta de que ser un observador de tu mundo interior puede servirte como una herramienta poderosísima para tomar perspectiva.

## ES QUE... ¿QUIÉN ERES?

Si te pido que me hables de ti, me imagino que la respuesta sería una serie de frases que comenzarían con «soy». «Soy padre.» «Soy neurocirujana.» «Soy hermana.» «Soy ordenado.» «Soy impuntual.» «Soy amable.» «Soy gordo.» «Soy sana.» «Soy tímido.» Etcétera, etcétera.

Es importante que contemos con estos relatos sobre nosotros mismos, usar esas etiquetas para definir los papeles que desempeñamos, porque eso nos da cierta sensación de coherencia. El problema viene cuando nos aferramos a dichas etiquetas como si no hubiese un mañana. Quizá no siempre desempeñemos el papel que tenemos ahora mismo. ¿Cómo vamos a afrontar eso si nos hemos definido únicamente según ese papel? ¿Cómo llevaremos una vida con sentido acorde con nuestros valores si nos ceñimos estrictamente a las etiquetas que nos hemos autoimpuesto, ya sean negativas o positivas?

Desde luego, tienes la opción de desactivar pensamientos y aceptar sentimientos, como te he enseñado a hacer. Pero ser capaz de interactuar con el mundo desde tu yo observador puede resultar una manera mucho más potente para acceder a un sentido estable del yo desde el que afrontar con mayor eficacia los desafíos de la vida.

Como recordarás del capítulo «Cómo sentir mejor», nuestros pensamientos y sentimientos son como el clima, pero tú, criaturita, tú eres como el cielo: la experiencia no puede hacerte daño. El cielo es tu yo observador: estable, siempre presente e inmutable. Mucha gente que ha pasado por experiencias traumáticas habla de haber conectado con esa parte de su ser. Incluso habiendo sufrido un daño físico y emocional, hay una parte de esas personas que sus experiencias no han podido dañar.

## SER EL TABLERO

Para ayudarte a entender mejor lo que es el yo pensante y el yo observador, reflexiona sobre la siguiente metáfora del tablero de ajedrez.[15]

Imagina que estás en una partida de ajedrez, quizá en una de esas mesas tan bonitas al aire libre, en un parque, donde se ve a personas mayores encantadoras pasando las tardes. Tus pensamientos y sentimientos negativos son las piezas negras y los pensamientos y sentimientos más positivos son las blancas. Cada vez que surge un pensamiento o sentimiento negativo, del tipo «soy un fracaso/desastre», tratas de superarlo con una jugada, moviendo una pieza blanca del tipo «eso no es verdad, en realidad me las apaño bien». Y durante un momento, todo va bien. Pero el problema es que en cuanto mueves una pieza blanca «positiva», tu mente mueve otra pieza negra «negativa», porque, bueno, eso es lo que hacen las mentes. Así que ahí sigues, usando piezas blancas para luchar contra las negras, usando lo positivo para luchar contra lo negativo. Y el problema se agudiza porque el juego no acaba nunca: hay un número infinito de piezas y el tablero se amplía sin cesar y en todas direcciones. Eso no era lo que pretendías: tú solo querías pasar un buen rato jugando al ajedrez y dar un paseíto por el parque, y de pronto caes para siempre en las redes de una batalla agotadora e inútil contra tu mundo interior, con pocas perspectivas de hacer un descanso para almorzar.

En vez de intentar burlar tus pensamientos negativos como un Gran Maestro ajedrecista, piensa en ti no como en quien juega la partida, sino como en el propio tablero. Puedes permitir que haya pensamientos y sentimientos presentes, recorriéndote el cuerpo, pero no hace falta que te inmiscuyas en esa contienda. Eres el tablero: estable y fuerte. Eres capaz de acoger la partida y a la vez observarla. Y cuando eres el tablero, tienes libertad para hacer otras cosas más importantes con tu vida, mientras las piezas van a lo suyo.

## Entablar amistad con el yo observador

He aquí una buena manera de empezar a alternar con tu yo observador. En este ejercicio (que sigue a «The Continuous You», de Harris, 2009), X pueden ser tus pensamientos, tus sentimientos, tus emociones, tus sensaciones físicas, tus ansias, tu cuerpo y todos los papeles que desempeñes en tu vida.[16] Prueba a hacerlo un par de veces al día.

1. Repara en X.
2. Existe X y estás reparando en X.
3. Si puedes reparar en X, no puedes ser X.
4. X está en constante movimiento, cambia sin cesar. La parte de ti que repara en X no cambia.

Los puntos clave son que tu mundo interior está en cambio constante, pero la parte que repara en todo no cambia nunca, y si puedes reparar en todo, entonces no puedes ser ese todo: eres un ser independiente de eso.

## El yo continuo

Este ejercicio consta de tres partes.[17] Una trilogía magnífica. Síguelo al pie de la letra: puede ser una experiencia muy intensa. Primero léelo entero y luego prueba a hacerlo.

## Primera parte

- Empieza por cerrar los ojos y centrar la atención en tu respiración. Nota cómo el aire entra en tu cuerpo por las fosas nasales y síguelo hasta los pulmones y de nuevo en su recorrido de salida. Respira así durante un par de minutos.
- Cuando sientas que es el momento, evoca un recuerdo doloroso de tu infancia (no profundamente traumático). Puede ser una ocasión en la que un amigo te rechazó, o una vez que te sentiste aislado. Empieza a percibir qué puedes ver y oír en ese recuerdo siendo tu yo más joven. ¿Qué se te pasa por la cabeza? ¿Qué pensamientos o preocupaciones tienes? ¿Qué sientes en el cuerpo? ¿Qué emociones notas?
- Si puedes reparar en todos esos pensamientos, sensaciones y emociones, no puedes serlos.
- Esos pensamientos, imágenes, sonidos, emociones y sensaciones físicas cambian y fluctúan, pero TÚ, la persona que está reparando en ellos, no cambia. Siempre ha sido la misma persona y siempre ha estado ahí.
- Date cuenta de que hay alguien detrás de los ojos de ese yo más joven. Comprueba si eres capaz de experimentar ser ese observador. ¿Qué le dirías a tu yo más joven sobre sus luchas y su sufrimiento?

## Segunda parte

- Evoca otro recuerdo doloroso de tu pasado más reciente. Igual que hacías con tu yo más joven, date cuenta de lo que se te pasa por la cabeza. ¿Qué emociones sientes? ¿Dónde las notas en el cuerpo? ¿Qué ves y oyes?

- Si puedes reparar en todos esos pensamientos, sensaciones y emociones, no puedes serlos.
- Esos pensamientos, imágenes, sonidos, emociones y sensaciones físicas cambian y fluctúan, pero TÚ, la persona que repara en ellos, no cambia. Siempre ha sido la misma persona y siempre ha estado ahí.
- Date cuenta de que hay alguien detrás de los ojos de ese yo reciente. Comprueba si eres capaz de experimentar ser ese observador. ¿Qué le dirías a tu yo reciente sobre sus luchas y su sufrimiento?

## Tercera parte

- Empieza a reparar en lo que se te pasa por la cabeza en este mismo momento. Date cuenta de qué emociones sientes y dónde las notas en el cuerpo. ¿Qué ves y oyes ahora mismo?
- Si puedes reparar en todos esos pensamientos, sensaciones y emociones, no puedes ser esos pensamientos, sensaciones y emociones.
- Esos pensamientos, imágenes, sonidos, emociones y sensaciones físicas cambian y fluctúan, pero TÚ, la persona que repara en ellos, no está cambiando. Siempre ha sido la misma persona, siempre ha estado presente y siempre lo estará.
- Date cuenta de que hay alguien detrás de tus ojos, reparando en estas experiencias en este mismo instante. Comprueba si eres capaz de experimentar ser este observador. Este observador ha estado con tu yo más joven, con tu yo reciente y estará con tu yo futuro.

- ¿Qué mensaje te gustaría mandar a tu yo sobre cualquier dolor o sufrimiento con el que estés luchando ahora mismo?

¿Cómo ha sido la experiencia?, ¿extraña?, ¿intensa?, ¿incómoda? Desde luego, a mí, como a mucha otra gente, me pareció todo eso al mismo tiempo la primera vez que la puse en práctica, pero ahora se ha convertido en una parte importante de mi forma de relacionarme conmigo misma. Creo que hay, además, un elemento de confort en esa sensación profunda y estable del yo que siempre ha estado, y estará, contigo.

Ya te dije que esta era la parte profunda.

**RECAPITULACIÓN**

Accediendo a un profundo sentido del «tú» es como puedes empezar de verdad a conocerte más allá de las etiquetas que te hayas autoimpuesto. Podrás encontrar un espacio alejado de ese contenido que genera la mente y elegir hacer lo que consideras importante. Cuando accedes a una parte de ti que de verdad es segura y estable, se pone a tu disposición un recurso inmensamente poderoso.

5

# CÓMO ESTAR AQUÍ Y AHORA

> La capacidad de estar en el momento presente es un componente principal del bienestar mental.
>
> ABRAHAM MASLOW, psicólogo

Que levante la mano quien tenga una mente dispersa. ¿Todo el mundo? Sí, el del fondo, tú también. Nuestras mentes son como niños pequeños inquietos y nerviosos, incapaces de quedarse sentados. Nos vemos atrapados entre un intento por retocar el pasado y un empeño por ser catastrofistas ante el futuro. Raras veces estamos en el momento presente, que es donde acontece realmente todo lo que está pasando. Desarrollar habilidades que te ayuden a mantener el contacto con el presente te permitirá emplear niveles más profundos de conciencia para poder vivir con mayor eficacia.

## ¿DÓNDE TIENES LA CABEZA?

A los seres humanos no nos gusta estar en el momento presente. Según un estudio de Harvard (Killingsworth y Gilbert, 2010), la gente pasa el 47 por ciento de su tiempo pensando en cosas que no están ocurriendo en el presente, que ya han pasado o que pueden pasar o no en el futuro.[18] Los autores del estudio descubrieron que la dispersión de la mente es un indicador excelente de la felicidad de las personas y escribieron: «La frecuencia con la que nuestra mente se ausenta del presente y el destino al que suele dirigirse son mejores indicadores de nuestra felicidad que las actividades en las que estamos enfrascados». Podemos estar haciendo la mejor actividad del mundo (viendo cebras en un bebedero remoto durante un safari, mojando galletas en un té, ganando un Óscar), pero si no logramos estar presentes, no la apreciaremos. Tiene sentido. Somos muy del «no presente», tendemos a ir del pasado al futuro como la desventurada bola de un *pinball*, lo que nos deja con la sensación de que no hay manera de controlar la vida y de que estamos a merced de pensamientos y emociones aleatorios.

Recordarás que la capacidad de tu mente para viajar en el tiempo mejor que el Doctor Who es una cosa única de los seres humanos, como lo es su habilidad para comparar, evaluar y juzgar. Los animales no se pasan el día preocupados por si la madriguera de al lado vale más que la suya, sobre todo después del último desplome en el mercado madrigueril, y si de verdad mereció la pena la ampliación. ¿Y quién se ha mudado al nido ese del final del camino? Nuestra capacidad para hacer todo esto repetidas veces puede llevar a una insatisfacción inmensa con la vida.

## Rumiación

Rumiar es el proceso por el que una vaca regurgita el alimento que ha ingerido previamente y lo sigue masticando una y otra vez. Suena encantador. Las vacas pasan más tiempo masticando durante la rumia que mientras comen. Obsesionarse excesivamente con el pasado, repasando sin parar los mismos acontecimientos, es un tipo de rumia psicológica. Nos ponemos a regurgitar y a masticar antiguos sucesos, heridas, injusticias, una y otra vez. Hacerlo es natural, desde luego, pero hasta cierto punto. Buscamos comprender lo que ha ocurrido y gestionar el estrés causado por ello. Si una buena amiga nos trata mal, pensaremos en ello durante un tiempo. Si en la oficina alguien utiliza nuestra taza favorita, a sabiendas de que tenemos normas estrictas al respecto, con toda la razón rumiaremos tamaña injusticia. No obstante, hacerlo repetidas veces y de forma excesiva es una manera poco eficaz de abordar el estrés y solo sirve para que nos estresemos más psicológica y fisiológicamente, dado que nos desconectamos del momento presente.

### Preocupación

Si no estás rumiando el pasado, seguramente sea porque estás preocupándote por el futuro o adelantando sus catástrofes. De nuevo, los seres humanos tenemos el superpoder de pensar en el futuro y hacer planes sobre lo que vendrá.

Un poco de preocupación está bien. Si preocuparnos por tener cáncer significa que vamos a ser diligentes con los controles, genial. Esa es una preocupación útil. Pero si estamos tan preocupados que ni siquiera vamos al médico, entonces no nos estará sirviendo de ayuda. La preocupación es un personaje astuto y artero que a menudo se disfraza de resolución de problemas y de planificación. Se nos acerca sigilosa, nos promete facilitarnos un poco la vida. Como con el alcohol, hay que preocuparse con responsabilidad y moderación.

### Piloto automático

Cuando divaga, tu mente enciende el piloto automático. Tenerlo activado puede ser muy útil para hacer cosas rápido y con eficacia, sin tener que pensar ni esforzarte demasiado. Levantarte por la mañana, ducharte y prepararte el café son actividades diarias que no necesitan una reflexión mental profunda ni mucha conciencia. Si no, nunca saldríamos de casa, algo que, pese a ser seductor y tentador a veces, no suele ser bueno para nuestro amigo el bienestar mental. El problema surge cuando llevamos nuestra vida en piloto automático tanto tiempo que eso nos lleva a actuar de forma mecánica, sin ejercitar la mente. Algunos ejemplos de acciones mecánicas son:

- No ser capaces de recordar lo que acabamos de leer (¡¿te está pasando ahora?!).
- Ver la televisión mientras consultamos el teléfono y repasamos las noticias, Facebook, Twitter e Instagram sin prestar atención.
- No distinguir diferentes sabores ni texturas en la comida, y engullirla sin más.
- No prestar atención a alguien que nos está contando algo importante.
- No ser capaces de reconocer pensamientos ni sentimientos no deseados, ni de estar abiertos a ellos.

Dejar que tu mente funcione con el piloto automático todo el tiempo no te permitirá llevar una vida más satisfactoria. Si quieres vivir de una manera más consciente, necesitarás desactivar el piloto automático más a menudo y asumir el control.

## ESTAR EN CONTACTO CON EL MOMENTO PRESENTE

Tanto la preocupación como la rumiación, conchabadas con nuestras mentes viajeras en el tiempo y con nuestra propensión al piloto automático y a actuar de forma mecánica, nos desconectan del momento presente. Y eso está fatal, porque ahí es donde obra la magia. Las medidas que puedes tomar para cambiar tu vida ocurren aquí y ahora, no en el pasado ni en el futuro. Tener conciencia «al minuto» de lo que está pasando en tu mente, en tu cuerpo y en el mundo que te rodea te permite apreciar la plenitud de cada momento, al margen de que lo veas como negativo o positivo.

## MINDFULNESS: ATENCIÓN PLENA

Segurísimo que te estabas preguntando cuánto iba a tardar en mencionar el mindfulness, o atención plena. Y con razón, ya que hoy en día es imposible esquivar este concepto. Y no está mal: existen evidencias empíricas sólidas que demuestran que el mindfulness reduce el estrés. El problema es que hay por ahí muchos mitos e ideas equivocadas sobre la atención plena, así que vamos a empezar con un pequeño tutorial.

### Qué es

Jon Kabat-Zinn, a quien se le atribuye el mérito de haber llevado el mindfulness al mundo occidental, define este concepto como la «conciencia que surge de prestar atención, a propósito, en el momento presente, sin ejercer ningún juicio».[19]

Vale. Eso no le resulta tan fácil a nuestra mente, que cuenta entre sus aficiones principales no prestar atención a propósito, no estar presente y juzgarlo todo nada más verlo. La buena noticia, posiblemente predecible, es que la práctica repetida de la atención plena puede reducir el estrés de un modo considerable.

## Qué no es

A menudo, el mindfulness se practica de maneras que se alejan mucho de lo que es en realidad. La atención plena no va de relajación, distracción o pensamiento positivo, ni tampoco es una forma de controlar el pensamiento. La relajación sí se produce a veces al practicar el mindfulness, pero hay que verla como un extra agradable, no como el objetivo. El objetivo es sencillamente reparar en nuestros mundos interior y exterior con una actitud curiosa, abierta y no crítica, de forma que podamos vivir con mayor eficacia. Si esto te suena muy similar a las habilidades de desactivación, aceptación y toma de perspectiva de las que te he hablado antes, te pongo un diez por prestar atención, porque el mindfulness va implícito en todos estos procesos.

Entonces, ¿cómo vas a entrar en contacto con este momento presente y escurridizo? Desarrollando y practicando habilidades basadas en la atención plena. A continuación, te describo unas cuantas para empezar.

### ATENCIÓN PLENA EN LA RESPIRACIÓN

Esta es, de lejos, la forma más sencilla de empezar con algo de mindfulness.

- Siéntate con los pies apoyados en el suelo y la espalda recta. Cierra los ojos o fija la mirada en un punto concreto.
- Deja que tu mente se centre en la respiración.
- Percibe con curiosidad las sensaciones que produce la respiración. Repara en el aire que entra por las fosas nasales y baja hasta los pulmones. En la sensación de exhalar, en cómo el pecho y los hombros suben y bajan.

- Tu mente divagará al hacerlo, pero, cuando ocurra, empieza a darte cuenta de ello y, sencillamente, devuelve la atención a la respiración.

Repite este proceso a diario durante unos minutos. Es lo único que necesitas para empezar. Y recuerda que no consiste en evitar nada, ni en distraerse, ni en relajarse. Solo estás siendo consciente de esas cosas. La habilidad de devolver tu mente dispersa al presente una y otra vez reforzará tus capacidades de concentración y atención.

## Crear un anclaje

Este ejercicio va genial cuando te encuentras inmerso en una tormenta emocional.[20] Te mantendrá firme para poder elegir qué medidas tomar en vez de encender el piloto automático.

- Presiona fuerte las plantas de los pies contra el suelo.
- Siéntate hacia delante en la silla y estira la espalda.
- Junta las puntas de los dedos y presiónalas; mueve los codos, mueve los hombros. Nota el movimiento de los brazos desde los dedos hasta los omóplatos.
- Nota el dolor que se produce, nota que estás esforzándote para afrontarlo. Repara en que hay, además, un cuerpo alrededor de ese dolor: un cuerpo que puedes mover y controlar. Percibe todo el cuerpo: manos, pies, espalda.
- Mira ahora a la habitación y observa cinco cosas que puedas ver.
- Y observa también tres o cuatro cosas que puedas oír.
- Repara en que hay algo muy doloroso ahí a lo que te estás enfrentando.

- Y repara en tu cuerpo, sentado en la silla, que puedes controlar.
- Sé consciente de que estás ahí, con esas sensaciones.

En una tormenta emocional muy exigente, puede que te apetezca repetir este ejercicio en bucle unas cuantas veces hasta sentirte más en el momento presente. Recuerda que el objetivo no es conseguir que todo desaparezca, ni siquiera aunque sea desagradable, sino estar presente con lo que sientas, sea lo que sea, y actuar de manera distinta. Si, por ejemplo, sueles verte metiendo en un SACO (suprimir, abandonar, cambiar, obviar) pensamientos y sentimientos complicados y no deseados, esta es una buena manera de empezar a reparar en ellos y hacerles sitio.

## ATENCIÓN PLENA EN ESTE LIBRO

Bueno, ya que estás aquí, con este libro, podías aprovechar para darle una vuelta en condiciones, una vuelta consciente. Para que luego hablen de buenas relaciones calidad-precio.

- Nota el peso del libro que tienes en las manos.
- Repara en las ansias que tienes de seguir leyendo porque te ha cautivado una barbaridad. O en las ganas que tienes de tirarlo a la papelera más cercana.
- Mira el libro con curiosidad y observa su color, su textura y, si estás a solas, su olor. Si estás en público, decide tú si olisquear libros es un acto socialmente aceptable.
- Repara en lo que te dice tu mente sobre este libro o sobre el ejercicio en sí. Reconoce esos pensamientos, pero déjalos fluir, y devuelve la atención al libro.

- Trata de hacer esto mismo durante un par de minutos: observa con curiosidad y repara en tus pensamientos al hacerlo. Cuando tu mente se disperse, que lo hará, recupera la atención.

## ATENCIÓN PLENA EN LA MÚSICA

Esta es una excelente manera de aprender a desplazar de un modo flexible tu enfoque y tu atención.[21]

- Pon una pieza de música que te guste que tenga múltiples instrumentos.
- Programa un cronómetro a intervalos de un minuto.
- Para empezar, céntrate en todos los instrumentos, pero después dirige la atención a uno.
- Pasado un minuto, pasa a otro instrumento.
- Termina por dirigir la atención a todos los instrumentos.
- Repite lo mismo dos o tres veces.

## 54321

Este ejercicio me ayuda a centrarme cuando, por ejemplo, estoy intentando escribir un libro y mi mente se dispersa, y me dedico a inventar excusas para editores y agentes respecto a por qué no he creado nada en todo un año. Esto me permite situarme en el momento presente y volver a mi tarea con mayor rapidez, en vez de caer en el agujero negro de la rumiación. Es algo así:

- Te sientas a hacer una tarea.
- Te distraes pensando en el pasado o en el futuro.

- Disfrutas ocasionalmente de este proceso, pero el 99 por ciento de las veces te sientes peor mientras tu mente se dispersa por muchos y variados escenarios aciagos que culminan con frecuencia en fracaso/despido/rechazo/muerte.
- Reparas en que esta dispersión de la mente está ocurriendo y en que claramente no ayuda a concluir la tarea.
- Emprendes una acción consciente y entras en contacto con el momento presente.
- Respiras hondo.
- Miras a tu alrededor.
- Nombras cinco cosas que puedas ver.
- Nombras cuatro cosas que puedas oír.
- Nombras tres cosas que puedas tocar.
- Nombras dos cosas que puedas oler.
- Nombras una cosa que puedas saborear.
- Vuelves a centrarte y retomas la tarea.

Por supuesto, hay días en los que la mente divaga más que otros y tendrás que repetirlo, pero con la práctica, la concentración regresará con mayor rapidez.

## ESCUCHA CONSCIENTE

Si quieres ahondar en tus relaciones con los demás, dedica un ratito a empezar a desarrollar tus habilidades de escucha consciente. Si alguna vez te ha parecido que alguien te estaba escuchando de verdad, entenderás lo poderoso que puede ser. Hay que estar plenamente presente para ser consciente de lo que se dice y conectar con ello. Eso significa no solo que te despegues de tu teléfono mientras alguien habla, sino que dirijas de verdad tu atención a lo que esa persona esté diciendo. No pretendo sugerir que lo hagas constantemente, dado que las conversaciones normales tienen muchas idas y venidas, pero a veces merece la pena estar presente de verdad. Aquí van algunos consejos:

- Ten auténtica curiosidad. No des por hecho lo que alguien va a decir y rellenes el hueco con antelación.
- Sé consciente de tu diálogo interior, pero sigue estando presente. Tu intención puede ser estar presente, pero tu mente tendrá otras ideas y te ofrecerá una serie de pensamientos, comentarios y juicios. Interrumpir con «eso es como cuando yo...» o «sé a qué te refieres porque yo...» te impide prestar una atención genuina a lo que alguien está diciendo. Sé consciente de tus pensamientos, pero procura tratarlos como una canción molesta que suena de fondo en la radio; aunque esté ahí, tu atención puede seguir aquí.
- Reflexiona. Vale, esto parece raro, pero de verdad ayuda a que una persona se sienta escuchada. Resume lo que le has oído decir, pero con tus propias palabras, o comenta: «Bueno, entonces lo que has dicho es que...».
- Pide aclaraciones. Has llegado a la conversación con una actitud atenta, así que deshazte de juicios y suposiciones. A menudo les pregunto a mis pacientes: «¿Me permites asegurarme de que he entendido esto bien?».
- Haz preguntas, pero sin interrumpir. En terapia, yo suelo decir: «¿Puedo hacer una pregunta?», y aclaro sentimientos, pensamientos, sensaciones físicas, no solo hechos. No estoy ahí para tomarle declaración a nadie, sino para entender la experiencia de una persona a un nivel más profundo.

Si te parece que puede llegar a ser una situación muy rara, pues sí, así es. Pero no vas a hacerlo todo el rato; de ser así, tus amistades se espantarían y se alejarían educadamente de tu intensa capacidad de escucha recién descubierta. Sin embargo, cuando alguien que te importe esté sufriendo, o necesite que le prestes atención de verdad, vendría bien que lo probases.

## RECAPITULACIÓN

La práctica frecuente del mindfulness te ayudará a reducir el estrés y mejorará tu concentración y tu flexibilidad. ¿Quién no quiere conseguir eso? Considéralo una actitud que debe cultivarse (como ser guay y llevar gafas de sol todo el día aunque esté nublado), más que como algo que se hace de vez en cuando. Recuerda que es una manera de estar en contacto con el momento presente para poder vivir con mayor propósito, no un modo de deshacernos de cosas irritantes. León Tolstói escribió: «Si me preguntaran cuál es el mejor consejo que podría darle a alguien [...] respondería sin dudarlo: "Por el amor de Dios, para un momento, deja el trabajo, mira a tu alrededor"». Sabias palabras. Aunque no tan sabias como las del incomparable Ferris Bueller: «La vida va muy rápido. Si no nos paramos y miramos a nuestro alrededor de vez en cuando, nos la podemos perder». Te doy toda la razón, Ferris.

6

# CÓMO VIVIR MEJOR

> A un hombre se le puede despojar de todo salvo de una cosa, la última de las libertades humanas: la de elegir qué actitud adoptar ante una serie de circunstancias dadas, la de elegir su modo de actuar.
>
> VIKTOR E. FRANKL,
> psiquiatra y superviviente de Auschwitz

## ¿POR QUÉ ESTÁS AQUÍ?

Bueno, ya hemos llegado al quid de la cuestión: ¿por qué estás aquí? Supongo que has escogido este libro porque quieres aprender a vivir un poco mejor, a sortear de manera distinta los sempiternos factores de estrés de la vida. Quizá quieras ir a mejor —no solo sobrevivir— y encontrar ese elusivo «porqué». Demasiado a menudo vivimos a diario con el piloto automático, dejándonos llevar. Cabeza gacha, solapas levantadas y adelante. Cuando alzamos la vista, suele ser para comparar lo nuestro con lo de otra gente y pensar en cómo podemos conseguir más para sentirnos mejor. Con frecuencia, esas cosas funcionan a corto plazo, por eso seguimos haciéndolas, pero a largo plazo nos llevan a sentir que la vida no tiene sentido ni significado. Para llevar una vida más rica, auténtica, vital y con sentido, tenemos que entrar en contacto con algo en lo que nunca hemos pensado, sobre lo que nunca nos han preguntado o con lo que hemos perdido la conexión: nuestros valores.

## VALORES

Los valores son el arma secreta del bienestar. Lo que nos motivará, inspirará y guiará para prosperar en los buenos tiempos y sortear las malas épocas. Los valores, en resumen, son las indicaciones que elegimos seguir en la vida y que podemos usar para guiarnos por ella. Piensa en ellos como en una brújula interna que te ayuda a llevar la dirección correcta. Los valores tienen que ver con cómo eliges tratarte a ti y a los demás. Son reflexiones sobre lo que de verdad te importa, en lo más hondo de tu corazón. ¿Cuándo fue la última vez que te paraste a pensar de verdad en lo que te interesa realmente? ¿Que te paraste un momento a preguntarte: «¿Qué valores quiero representar en esta vida?»? Seguramente no lo has hecho muy a menudo. Esa pregunta no nos la formulamos ni a nosotros mismos ni a otras personas, aunque podría tener un impacto importante y potente.

Según los estudios sobre valores, el mero hecho de centrarse en ellos ayudó a evitar que estudiantes pertenecientes a minorías interiorizaran la nociva suposición cultural de que no podían rendir académicamente igual de bien que sus compañeros de posiciones más privilegiadas.[22]

La intervención fue de lo más directa. Les pidieron a estudiantes afroamericanos y latinos que identificasen lo que valoraban en la vida y escribiesen al respecto durante diez o quince minutos. Los estudiantes expresaron una amplia gama de valores, entre ellos, la familia, las amistades, la música, la política, la creatividad, el baile y la religión. Ya está. *C'est tout*. No hizo falta nada más ingenioso que un rato de reflexión, un boli y un papel. ¿Y qué descubrieron los investigadores con esta intervención tan sencilla? Hallaron que esos estudiantes evolucionaban y cerraban la brecha entre su rendimiento académico y el de sus compañeros blancos. Nada mal para haber invertido solo unos minutos de concentración en lo que de verdad les importaba antes de la clase de biología del lunes por la mañana.

Existen asimismo estudios de laboratorio que demuestran que tener un «porqué» para hacer algo puede ejercer un potente efecto. En un estudio de Smith y colaboradores de 2018, se pidió primero a los participantes que realizaran una tarea de estimulación por frío.[23] Dicha tarea implicaba meter la mano en agua helada durante un momento; en este caso, un máximo de cinco minutos. A continuación, a los participantes se los asignaba al grupo de «valores», en el que pasaban treinta minutos centrándose en sus valores en relación con la tarea de estimulación por frío, o al grupo de «control», en el que observaban una presentación en diapositivas sobre las maravillas del mundo. Luego les pedían que volviesen a hacer la tarea de estimulación por frío. Los investigadores descubrieron que quienes se habían centrado en sus valores eran más capaces en ese momento de tolerar el dolor agudo y la angustia, pese a que a ambos grupos la angustia les pareciese igual de mala. Dicho de otro modo, la intervención basada en los valores no minimizó la valoración subjetiva del dolor ni de la angustia, pero sí alteró la respuesta de los participantes a esa angustia. En resumen, el hecho de que tuvieran un «porqué» (porque habían identificado sus valores) para tolerar el dolor marcó por completo la diferencia. A ver, dejemos las cosas claras: no estoy sugiriendo que hundas las manos en el charco helado más cercano, vuelvas la cara al cielo y esperes una revelación. Meter las manos en agua congelada probablemente no sea muy útil, salvo que seas guardacostas o te guste lavar los platos con agua muy fría. Sí que te estoy pidiendo, sin embargo, que pienses en las posibilidades que se te abrirían si tuvieras un «porqué». ¿Qué serías capaz de aceptar —ansiedad, miedo, riesgo al rechazo— para poder actuar siguiendo tus valores? Si tienes valores, tienes un porqué, y si tienes un porqué, tienes una razón para abrirte a los sentimientos incómodos que conlleva la persecución de una vida con sentido y vital.

## QUÉ SON LOS VALORES

Antes de que sigamos avanzando, dejemos claro qué son los valores y qué no son. Eso nos hará la vida más fácil de ahora en adelante.

### Los valores se eligen libremente

Los valores son aquello que te importa, no lo que crees que otra gente quiere que valores. A las mujeres se nos suele dar muy bien poner los valores ajenos por delante de los propios. A veces usamos como guía valores que no son nuestros, sino que son los que se esperan de nosotras. Eso nos puede llevar a sentir que no somos auténticas en nuestra manera de vivir, o a percibir que nos falta un objetivo en la vida. Es posible, por ejemplo, que si eres mujer, alguien te haya dicho que eres una persona meticulosa y diligente, aunque en realidad preferirías ser espontánea, dejarte ir a donde te lleve el viento, pero nunca te has atrevido a expresar esa parte de ti para no decepcionar a los demás. Una manera de pensar en esto es preguntarte a ti misma por tus valores secretos. ¿Qué valorarías si nadie lo supiera y nunca nunca tuvieras que decirlo?

## Los valores se autorrefuerzan

Los valores tampoco tienen que ver con cómo reacciona otra gente. Podemos elegir guiarnos por la amabilidad, pero quizá otras personas no nos demuestren lo mismo como respuesta. ¿Qué hacemos entonces? Si solo somos amables para recibir amabilidad a cambio, bueno, entonces eso no es un valor que apreciemos mucho en realidad. El resultado de actuar según nuestros valores nunca está asegurado, algo que no es fácil de entender. Los valores tienen una recompensa intrínseca en sí mismos y deben autorreforzarse, pues no podemos controlar las respuestas de otras personas, por mucho que lo intentemos, pero sí podemos controlar nuestro propio comportamiento respecto a lo que decimos o hacemos.

A estas alturas, quizá te estés poniendo un poco de los nervios, y no te culpo. Pero cuidado: no pretendo decir que si en tu vida hay alguien que es cruel y desagradable contigo tengas que perseverar y seguir siendo amable con esa persona. En absoluto. Llegado ese punto, deberás reevaluar conscientemente si tener a esa persona en tu vida encaja con tus valores acerca de cómo quieres que te traten. Y yo diría que no. Lo que quiero decir es que los valores los eliges porque son importantes para ti, no porque consigas algo de otras personas o capuchinos gratis por haber sido simpática con la señora de la cafetería. Sé amable con ella porque valoras la amabilidad, no para conseguir un *chococino* descafeinado semidesnatado de avellana avainillada o lo que sea.

## Los valores son acciones constantes

Piensa en los valores como si fuesen verbos: son la manera en la que haces algo, no lo que logras. Casarse o irse a vivir con alguien, por ejemplo, es un objetivo. Una vez que lo has hecho, lo has hecho. Tachado de la lista. Pero ¿cómo quieres comportarte en pareja dentro de esa relación? Si valoras que te quieran, por ejemplo, ¿acaba eso en cuanto te casas y consigues ese objetivo? Una persona no logra ser «cariñosa», sino que ese atributo lo incorporas a tu conducta con la otra persona incluso cuando no te apetece. Y, afrontémoslo, con bastante frecuencia en eso consisten las relaciones, ya sean con nuestra pareja o con nuestros padres, hijos, colegas o mascotas.

## Los valores son poderosos

En ningún sitio se ha expresado de forma más conmovedora e impresionante el poder de los valores como en la autobiografía de Viktor Frankl sobre el periodo que pasó en Auschwitz. Frankl era un psiquiatra judío al que internaron como preso en ese conocido campo de concentración durante la Segunda Guerra Mundial. Sobrevivió y escribió unas memorias en las que contaba las cosas tan horrendas que vio y experimentó. Lo más valioso de su relato son sus comentarios sobre qué era lo que mantenía a la gente en pie en circunstancias tan extremas. Según escribió, quienes sobrevivían no eran los más fuertes físicamente, sino los que tenían un «porqué», los que tenían una razón para vivir y elegían su propia respuesta incluso en las peores circunstancias, en las más oscuras:

> Nosotros, los que vivimos en campos de concentración, recordamos a los hombres que caminaban entre los barracones,

> consolando a otros, cediendo su último trozo de pan. Quizá fueran pocos en número, pero son prueba suficiente de que a un hombre se le puede despojar de todo salvo de una cosa, la última de las libertades humanas: la de elegir qué actitud adoptar ante una serie de circunstancias dadas, la de elegir su modo de actuar.

Esta es la expresión definitiva de los valores: responder a cualquier situación, por grave que sea, de manera acorde con lo que valoramos. No es fácil, pero los valores no se basan en la opción fácil. Se basan en aquello que queremos defender en esta vida.

Hace muchos años, cuando me estaba formando como psicóloga clínica, trabajé en un equipo que trataba a refugiados con TEPT, igual que ahora. Recuerdo haber visitado a una señora que había vivido una crueldad y una violencia inenarrables. Me impactó lo que escuché (por desgracia, ahora lo escucho constantemente) y mi supervisora me pidió que acompañase a la mujer a la semana siguiente, unos días antes de Navidad, a una cita con un psiquiatra para que le explicase mejor sus síntomas de TEPT. Llegué puntual y acudimos a la reunión. Al salir, me detuvo y se sacó un paquetito del bolsillo para dármelo. Era un regalo, envuelto en un trozo de papel. Lo abrí: un pasador negro para el pelo, decorado con diamantitos de imitación. La mujer apenas sabía inglés. Solo me había visto una vez, pero había elegido actuar con amabilidad. Pese a su situación, pese a lo dura que era su vida, pese a lo indefensa que estaba, eligió actuar siguiendo sus valores incluso cuando debía sentirse totalmente desesperada. Aún conservo ese pasador para recordar que da igual lo que nos ocurra: siempre tendremos la opción de elegir cómo responder. Si hay gente en el mundo que sufre cosas inenarrables y aun así elige actuar según sus valores, el camino está abierto para todos.

Sé que habrá quien piense que esa mujer solo me dio algo para conseguir a su vez algo de mí. Quizá. Lo dudo. Lo cierto es que no lo sé; nadie lo sabe. Pero sé lo que elijo creer, y sé qué pensamientos me empoderan y me hacen ser más eficaz en el mundo. Me parece que la gente que se muestra excesivamente cínica respecto a las motivaciones de otras personas rara vez realiza algo útil para mejorar el mundo. Prefiero creer en las expresiones de humanidad que no hacerlo. El mundo está lleno de cosas horribles y, sin embargo, también está lleno de increíbles actos de amabilidad y valentía.

## Los valores siempre son accesibles

La auténtica belleza de los valores es que siempre los tienes a mano. No hay que esperar a conseguir más dinero, a perder más kilos, a tener una casa más grande ni un trabajo mejor, a llevar las cejas más elegantes, los dientes más rectos, a tener unos hijos más educados, etcétera, para poder actuar siguiendo nuestros valores. Incorporamos a nuestras acciones lo que valoramos de forma directa. Por ejemplo, si valoras una actitud curiosa y aventurera, puedes empezar a planear una excursión en solitario por el Amazonas, pero también puedes arriesgarte a hablar con un desconocido cuando salgas a comer hoy. ¿Es eso igual que navegar por un río en una canoa tallada con tus propias manos usando solo el palillo de dientes de tu navaja suiza? No. Pero hablar con alguien a quien no conocemos y salir de nuestra zona de confort forma parte de la cualidad de ser una persona curiosa y aventurera: estás incorporando esos valores a tu vida. Y si de verdad quieres lanzarte a la aventura loca, cómprate un bocata distinto para almorzar. Uno que nunca nunca hayas probado. Échale valor. El pollo con mayonesa no tiene por qué ser tu único destino.

## LO QUE NO SON LOS VALORES

### Los valores no son metas

Somos una sociedad orientada hacia la consecución de objetivos. A menudo, la vida consiste en conseguir la próxima meta que tenemos en la lista y recibir un chute de dopamina gracias a la sensación de logro. Estamos programados para buscar esas recompensas, cosa que no está mal, claro, porque nos hace avanzar. Sin embargo, si no añadimos valores a esa mezcla, nos estaremos perdiendo algo.

Al contrario que los objetivos, los valores no son una meta que alcanzas y luego tachas de la lista. Los valores son más bien la dirección a la que te diriges, como ir siempre hacia el este. Las metas son las ciudades, los árboles, los puentes o los monumentos por los que pasas. Nunca llegas al este ni a ningún otro punto de tu brújula interior. La dirección que eliges en la vida es lo que te guía, inspira y motiva para seguir avanzando. Quizá desees conseguir un ascenso o colocar un buen proyecto, o tan solo aspires a hacerte con el control de un cajón adicional en el archivador de la oficina. Pero ¿qué pasa cuando logras ese objetivo? ¿Cómo quieres comportarte cuando consigues eso que siempre has querido? ¿Qué valores quieres incorporar a tus acciones? ¿Cómo quieres tratar a otras personas?

Cabe destacar que en algunos estudios sobre personas que se sometieron a la colocación quirúrgica de una manga gástrica para tratar la obesidad y regresaron así a un peso normal, estas registraban mayores niveles de ansiedad y depresión pese a haber conseguido su meta. Acabaron por obsesionarse tanto con lograr su objetivo que, una vez alcanzado, no sabían qué hacer con su vida. Lo mismo ocurre a menudo con personas que se han sometido a una cirugía plástica. La pregunta «¿ahora qué?» acecha como un gigante. Los valores aportan una vía para avanzar y conservar cambios conductuales. La gente que pierde peso mantendrá ese cambio conductual y esa pérdida de peso con mayor probabilidad si lo hace por sí misma que si lo hace porque cree que otras personas la tratarán de forma distinta. En resumen, la intención es crucial: si quieres ir al gimnasio con más frecuencia, hazlo porque valoras la salud y no porque eso te permita ponerte unos vaqueros ajustados en cuestión de quince días. Quizá consigas el objetivo, sí, pero seguramente no mantengas las conductas que te han llevado hasta allí.

## Los valores no tienen que ver con ser feliz

Me apuesto lo que sea a que no quieres escuchar esto, pero los valores no tienen que ver únicamente con el hecho de sentirte bien, aunque, por supuesto, un efecto secundario de utilizar nuestros valores como guía puede ser el de generar momentos buenos. No obstante, eso no siempre ocurre. Actuar según nuestros valores puede suponer mucho dolor emocional. Tratar a refugiados con TEPT significa que me paso la mayor parte del día escuchando hablar sobre tortura, violencia y los peores excesos de la naturaleza humana. ¿Me hace eso sentirme feliz como en Disneyland? No. Pero ¿encaja con mis valores de hacer lo que pueda por aliviar sufrimientos? Sí, así es. Tiene sentido para mí, es inspirador y motivador, incluso aunque no me apetezca hacerlo. No actuar según nuestros valores sienta peor que actuar conforme a ellos, incluso cuando lo que queremos es quedarnos en la cama todo el día comiendo chocolatinas Mars.

Si tienes ganas, prueba a hacer el siguiente ejercicio: coge un trozo de papel y escribe en una cara lo que de verdad te importa (una persona, una mascota, tu trabajo o algo que te encante hacer); dale la vuelta al papel y escribe qué te da miedo de eso. Si lo que te da miedo es perder a esa persona o esa actividad, no estás sola: es lo que teme la mayoría de la gente. Pregúntale a cualquier madre o padre qué es lo que más teme en el mundo y la respuesta será que le pase algo a un hijo. Para la mayoría de la gente, el miedo consiste en perder lo que le importa. En cuanto de verdad nos acercamos a una persona, podemos perderla: madre, padre, hijo, hija, pareja, amiga, amigo, hermano o hermana. Si hay algo que te encante hacer, siempre existirá el riesgo de perder la capacidad de hacerlo. He aquí el dilema: ¿estás dispuesto a deshacerte de lo que te importa (ser un padre cariñoso, una esquiadora acuática valiente, un compañero de trabajo compasivo, una amiga graciosa) para evitar el dolor emocional que supone que te importen esas cosas? Diría que no. Y la cuestión es que no es posible deshacerse de una cosa sin deshacerse de la otra. Son nuestros erizos: si quieres la suavidad del vientre, tendrás que soportar también la parte que pincha.

Todas las personas experimentaremos dolor emocional por perder lo que apreciamos. Eso no es algo que yo pueda enseñarte a cambiar, a no ser que tengas la intención de vivir como un autómata. No obstante, lo que sí tienes a tu disposición son los valores que incorporas a esos momentos emocionalmente dolorosos. ¿Cómo quieres tratar a esa amiga a la que le han diagnosticado un cáncer, cómo quieres consolar a ese padre que ha llegado al final de su vida, cómo quieres comportarte cuando pierdes el trabajo o cuando ya no puedes hacer algo que te encanta? Ninguna de esas cosas es «divertida» ni «placentera», pero estar presente, abrirte a tus emociones y tener la capacidad de elegir tus valores dará sentido a tu vida.

## Los valores no son normas

Que los «debería» o los «tengo que» no secuestren tus valores. Tampoco hay valores buenos y malos. A los valores hay que sujetarlos con suavidad y usarlos como guías amables que nos van llevando en la dirección correcta, como un simpático golden retriever. No son palos con los que flagelarte. No siempre serás capaz de actuar conforme a tus valores.

Además, a veces habrá que priorizar entre valores que estén en conflicto. Quizá aprecies ser un buen amigo, pero priorices un proyecto laboral por encima de una noche de juerga porque también valoras ser diligente. A veces tendrás que priorizar entre valores que pueden no ser compatibles en un momento dado. Eso no significa que el valor al que no des prioridad desaparezca para siempre. Piensa en los valores como en los países en un globo terráqueo: si miras a México no podrás ver al mismo tiempo la República Democrática del Congo. La RDC seguirá estando ahí, solo que has elegido centrarte ahora en América Central. Lo mismo ocurre con tus valores. En un momento concreto puedes volcarte en ser un padre cariñoso y en pasar tiempo con tus hijos, y priorizar eso por encima de expresar tu creatividad construyendo el Partenón con cerillas. Tu creatividad seguirá ahí, solo que en ese instante no es en lo que quieres centrarte.

## LA VENGANZA DE TU MENTE

¿Por qué te he estado pidiendo que desactivaras tus pensamientos, hicieras sitio a sentimientos que no quieres y redoblaras tu atención plena? No solo por divertirme un rato, sino también porque en cuanto empieces a moverte en la dirección de afrontar grandes cuestiones relacionadas con los valores, tu mente tendrá algo que decir al respecto y aflorarán sentimientos de tristeza, culpa, vergüenza, miedo al fracaso, junto a todos sus otros compañeros, y eso te desviará del camino justo cuando estés acercándote a la parte buena.

¿Has visto *Karate kid*? Si la has visto, sabrás adónde quiero ir a parar. Si no, aquí va un resumen (pero, en serio, ¿en qué mundo vives?). Danny, un niño solitario, acude al señor Miyagi, un hombre mayor y sabio, para aprender kárate y defenderse de los abusones del colegio. El señor Miyagi acepta darle clases, aunque, para gran frustración de Danny, no hace más que asignarle tareas: pintar una verja, encerar el coche... Danny no se toma muy bien eso de que lo exploten con trabajos sin remunerar, así que se enfrenta al señor Miyagi: él quiere aprender movimientos de kárate, no bricolaje. El señor Miyagi, que es muy sabio (eso lo sabemos porque no habla mucho y asiente un montón en gesto juicioso), le responde que ya está aprendiendo kárate. Le dice a Danny: «¡Muñeca arriba!», Danny lo hace y ¡resulta que eso es un movimiento de kárate! ¿Quién lo iba a decir? «¡Dar cera, pulir cera!» Danny imita la acción de encerar el coche y ahí está, ¡otro movimiento de kárate! ¡Ha estado aprendiendo los movimientos sin darse cuenta! Danny es como tú y yo soy como el señor Miyagi, aunque menos sabia y juiciosa, aparte de que hablo mucho más. Desactivación, expansión, atención plena y perspectiva: esos son los movimientos que te he enseñado, las habilidades ninja que necesitas para avanzar al siguiente nivel. Ahora estás preparado para el juego, pequeño saltamontes. Y el juego va sobre valores.

## IDENTIFICA TUS VALORES

Ahora que sabes toda la verdad sobre los valores y las habilidades para afrontar las inevitables barreras que te pondrá tu mente, es momento de empezar a descubrir lo que te importa. A continuación, te ofrezco una serie de ejercicios a los que puedes volver repetidas veces para orientarte y dar algún sentido a tus acciones.

### Elige tus valores

Más abajo hay una lista de valores comunes. No es en absoluto exhaustiva, así que tómate la libertad de añadir los tuyos. Lee la lista y señala los que te parezcan más importantes. Luego intenta elegir los cinco más relevantes para ti. En ese momento podrás empezar a pensar si estás expresando o no esos valores en tu vida y qué conductas adoptarías si usaras tus valores como brújula. Quizá haya valores nuevos que quieras ver cómo te sientan, como si fuesen un abrigo nuevo. En ese caso, adelante: mira a ver si te encajan. Siempre puedes devolverlos si resulta que son iguales que esa camiseta asimétrica diez tallas más grande o esas zapatillas de pelo o ese otro desacertado error estilístico que ya todo el mundo sabe que te encanta usar.

| | | |
|---|---|---|
| Aceptación | Afecto | Amabilidad |
| Amor | Apertura | Aptitud física |
| Aprendizaje | Arraigo | Asertividad |
| Autoconciencia | Aventura | Belleza |
| Compasión | Conexión | Confianza |
| Conformidad | Conocimiento | Cordialidad |
| Creatividad | Curiosidad | Dedicación |
| Disciplina | Diversión | Ecuanimidad |
| Empatía | Entusiasmo | Espiritualidad |
| Espontaneidad | Experiencia | Fe |
| Fiabilidad | Generosidad | Gratitud |
| Honradez | Humor | Igualdad |
| Independencia | Integridad | Juego |
| Justicia | Lealtad | Libertad |
| Liderazgo | Meticulosidad | Organización |
| Paciencia | Paz | Poder |
| Respeto | Riesgo | Sabiduría |
| Salud | Seguridad | Sensualidad |
| Sociabilidad | Tolerancia | Valentía |

Ahora que has pensado un poco más en tus valores, puedes empezar a clarificar cuáles son las áreas de tu vida en las que te gustaría mostrar dichos valores usando la tabla siguiente. Algunas de esas áreas quizá no sean importantes para ti en absoluto, y, si me falta alguna, añade la que quieras.

| Áreas de la vida | Valores que quiero mostrar |
|---|---|
| Familia | |
| Relaciones íntimas | |
| Hijos | |
| Amistades/vida social | |
| Trabajo/carrera profesional | |
| Educación/aprendizaje | |
| Ocio/entretenimiento | |
| Espiritualidad/religión | |
| Ciudadanía/vida comunitaria | |
| Salud (física y mental) | |
| Arte/creatividad | |

Inspirado en «Areas of Life», en *The Valued Living Questionnaire*, de K. Wilson y J. Groome, 2002.[24]

## Ahora tenemos ochenta. O treinta. O cincuenta

Este ejercicio está muy bien para incorporar valores a nuestra vida.[25] Cierra los ojos e imagina con absoluta claridad en tu cabeza que estás en el futuro, en tu fiesta de cumpleaños, rememorando tu vida tal y como es hoy. Completa las siguientes frases:

- Dediqué demasiado tiempo a preocuparme por...
- Dediqué demasiado poco tiempo a hacer cosas como...
- Si pudiera volver atrás, lo que haría distinto de ahora en adelante sería...
- Dedicaría más tiempo a...
- Me diría que...

## Asistir a tu propio funeral

Bronnie Ware, enfermera de paliativos, recopiló las cinco cosas de las que más se arrepentían las personas moribundas. Estos son los mayores arrepentimientos que menciona la gente al llegar el final de su vida:

- Ojalá hubiese tenido la valentía de llevar una vida fiel a mí mismo, no la vida que otros esperaban de mí.
- Ojalá no hubiese trabajado tanto.
- Ojalá hubiese tenido el valor de expresar mis sentimientos.
- Ojalá hubiese mantenido el contacto con mis amistades.
- Ojalá me hubiese permitido ser más feliz.

Se trata de los arrepentimientos de personas que ya no podían poner remedio, pero tú sí puedes. Céntrate en las cuestiones que más te importan, da igual que tengas dieciocho u ochenta años.

Este ejercicio te ayudará a averiguar lo que de verdad es importante para ti. Asistir a tu propio funeral no es una cosa tan lúgubre como parece.[26] A decir verdad, yo diría que es uno de los ejercicios más potentes y vitales que pueden hacerse. Yo me tomaría un momento de soledad, cuando supiera que nadie me iba a molestar, para llevarlo a cabo. Puede ser una experiencia emotiva y conmovedora. Al acabar, creo que sabrás mucho mejor en qué quieres que consista tu vida.

Imagina que mueres. Has llevado una buena vida, una en la que tus valores te han guiado, motivado e inspirado. Supón que, de algún modo, puedes ver tu propio funeral. Hay tres personas en pie para hacerte un panegírico. Son tres personas de distintas áreas de tu vida: familiares, colegas, amistades... Puede ser cualquiera que te apetezca, pero procura que se vean representados los diferentes espacios de tu vida. Puedes hacerlo incluso con relaciones que aún no existen: qué diría un hijo o una pareja sobre ti, aunque esa persona aún no exista en tu vida.

Mientras van hablando, imagina vívidamente lo que te gustaría que dijeran de ti. Fíjate en si logras verles la expresión de la cara y escuchar su voz. Nota lo que sientes en el cuerpo al oírlos hablar sobre lo que representaste en vida, lo que significaste para ellos, las cosas que hiciste que eran un fiel reflejo de ti y de tus valores. Puedes lanzarte; no te frenes. Intenta conectar profundamente con lo que quieres que digan tus seres queridos.

Una vez que hayas terminado, pregúntate quién has querido que hablase en el funeral; qué palabras han usado para referirse a ti; si esas palabras dan pistas sobre lo que valoras; si has percibido una brecha entre lo que querías que dijeran de tu vida y cómo estás llevando tu vida en realidad. Este ejercicio desvela qué tipo de persona quieres ser de verdad. ¿Cuáles son las barreras que te impiden llevar ahora mismo tu vida como ese tipo de persona?

Ha sido intenso, ¿eh? Y quizá doloroso también, sobre todo si tienes la sensación de estar lejos de ser la clase de persona que quieres ser y de hacer el tipo de cosas que quieres. Este dolor te dice qué es lo que de verdad te importa. No lo apartes; úsalo como un faro que te guíe hacia una vida más satisfactoria, fundamental y con sentido.

## Una carta de valores

Escribir sobre los valores tiene un mayor efecto en nuestro comportamiento que si solo los elegimos de entre una lista. Para comprometerte un poco más con tus valores, date diez minutos (pon el cronómetro) para escribir sobre un valor que te importe de verdad, quizá uno que ya hayas identificado en ejercicios previos. A continuación, incluyo algunas frases que pueden ayudarte a empezar:

- ¿En qué área de mi vida me importa mostrar este valor?
- ¿Ha habido alguna época en la que este valor haya sido importante?
- ¿Ha habido momentos en mi vida en los que me he alejado de este valor? ¿Cómo me he comportado entonces? ¿Me ha supuesto algún coste?
- ¿Cuándo he mostrado conductas acordes con este valor? ¿Cómo me he sentido?
- ¿He actuado según este valor en el pasado aunque fuese duro?
- Si hubiese querido actuar según este valor más veces en mi vida, ¿qué conductas habría mostrado?

## Valores secretos

La primera norma de los valores secretos es que nadie habla de ellos.[27] El secretismo absoluto es clave. Firma el Contrato de Confidencialidad de Valores Secretos. No te vengas abajo en los interrogatorios. Elige un valor y luego urde maneras de actuar en consecuencia sin que nadie sepa nada. Deja un regalo para una amiga sin decir que has sido tú, dona dinero a una organización benéfica de forma anónima, sé amable con una persona desconocida porque valoras la amabilidad, etc. Lo que importa es que lo hagas porque tus valores te recompensan de manera intrínseca, no porque estés esperando elogios ni la aprobación de otras personas. Es una manera genial de descubrir lo que te importa sin enfangar las aguas con lo que piensa otra gente. No se lo digas a nadie.

## La aspiradora de problemas

Imagina que tengo una aspiradora que succiona todas las cosas que se interponen en tu camino. Me paso por tu casa con mi dispositivo recién patentado y empiezo con el aspirado psicológico (a lo mejor esto suena un poco raro, pensándolo bien). Ya no te preocupa lo que opinen los demás. Todos los pensamientos, los recuerdos, las sensaciones físicas y los sentimientos dolorosos son como el agua que resbala por el lomo de un pato muy zen. Tienes todo el dinero que necesitas. Te largas de vacaciones a un safari de lujo, te compras un coche con tapicería de piel y te abasteces a diario en el supermercado del barrio con lo mejor de lo mejor, sin una pizca de preocupación por la cuenta bancaria. ¿Qué vas a hacer ahora con tu tiempo? Piensa en cómo pasarías el día teniendo libertad absoluta para elegir. Imagina que te voy siguiendo, grabándolo todo y poniéndote de los nervios. ¿Qué te vería hacer, ahora que no tienes ningún obstáculo?

## Momentos dulces

Prueba este ejercicio y recuerda un momento de tu vida en el que te hayas sentido vivo, con vitalidad, pleno.[28] Revive ese recuerdo con absoluta claridad, centrándote no solo en lo que ves y oyes, sino también en lo que hueles, palpas, saboreas y sientes en el cuerpo. ¿Qué estabas haciendo en ese momento dulce? ¿Quién estaba contigo? ¿Dónde te encontrabas? ¿Reparaste en lo presente que estabas en ese momento? A ver si eres capaz de acceder a aquello que percibes en el cuerpo, no solo a lo que diga tu mente.

Pregúntate qué ocurrió en ese momento que fuese tan especial para ti. ¿Qué valores se pusieron en juego? ¿Qué te dice ese momento sobre lo que te importa?

**RECAPITULACIÓN**

Los seres humanos ansiamos darle un sentido a la vida que sustente y nos conecte con lo importante. Centrarte en los valores que quieres encarnar dará un potente sentido a esa área de tu vida donde quizá antes te faltaba. Ahora puedes levantar la cabeza de la rutina diaria para responder a las preguntas más importantes que te lanza la vida: ¿quién quieres ser, adónde quieres ir y cómo quieres llegar allí? Los valores te permitirán responder a esas preguntas no mostrándote el sentido de la vida, sino el sentido que tiene vivir.

# 7

# CÓMO PASAR A LA ACCIÓN

> Cambia tu vida hoy. No confíes en el futuro, actúa ahora, sin más demora.
>
> SIMONE DE BEAUVOIR[29]

Todo esto no es más que un ejercicio intelectual si no pasas a la acción. Quizá los capítulos anteriores te hayan un momento de reflexión, de esos de rascarte la barbilla, pero en el tejido de tu vida no cambiará nada si no haces algo distinto. Aquí verás cómo pasar a la acción de un modo trascendente y comprometido.

## POR QUÉ EMPEZAMOS CON MAL PIE

Según algunas investigaciones, la mayoría de la gente abandona sus propósitos de Año Nuevo antes del 19 de enero.[30] Eso hace un total de dieciocho días invertidos en intentar hacer algo distinto. O, dicho de otra manera, solo pasamos el 5 por ciento del año comprometidos con un cambio y el 95 por ciento regañándonos a nosotros mismos por no seguir comprometidos con ese cambio o deseando que nuestra vida sea distinta. Poco sorprende que la cosa descarrile. Ponerse objetivos y fijar propósitos es la parte fácil, pero sin las capacidades de flexibilidad psicológica que aportan la desactivación, la aceptación, la atención plena, los valores y la acción comprometida iremos a ciegas. La historia va un poco así:

Intentar cambiar de conducta sin un plan → Sentir desmotivación + autocriticarse → Abandonar → Cero cambios

No hay nada que nos guíe ni nos ayude a afrontar los momentos complicados cuando las cosas empiezan a ir regular. Es fácil ver, por ejemplo, lo rápido que descartaremos el objetivo de perder peso si:

1. Nos fundimos con pensamientos del tipo «es muy duro», «estoy demasiado agobiado para hacerlo ahora mismo» o «ya he recaído, así que no tiene sentido continuar, pásame más galletas de crema y un bollito».
2. No estamos dispuestos a experimentar los sentimientos no deseados que surgen de hacer algo complicado.
3. No dejamos claros nuestros valores ni por qué queremos perder peso.
4. No sabemos crear hábitos ni fijarnos objetivos, así que abandonamos.

Ahora ya sabes abordar los puntos 1, 2 y 3, y tienes que pasar al 4. ¿Cómo? ¿Qué has dicho? Ah, que has estado prestando atención más o menos, pero has tenido algún problemilla de dispersión... Ay, la atención es el más escaso de los recursos humanos en estos tiempos. Te invito a volver a los capítulos anteriores de «Cómo pensar mejor», «Cómo sentir mejor», «Cómo tomar perspectiva» y «Cómo estar aquí y ahora» (básicamente, todos) antes de meterte de lleno en el meollo de pasar a la acción en tu vida. Si no, estarás abonando el terreno para la decepción. No obstante, si solo quieres echar un vistazo a este capítulo, adelante, pasa y mira con toda tranquilidad.

## POR QUÉ SEGUIMOS COMETIENDO LOS MISMOS ERRORES

Antes de continuar, quisiera compartir contigo la magia del análisis conductual, algo que cambia vidas.[31] En resumen, voy a enseñarte por qué te ves constantemente recurriendo a los mismos patrones de siempre, haciendo lo mismo de siempre. Si alguna vez te has pasado un par de horas con la espalda encorvada, la barbilla apoyada en la mano y todo tu ser sumido en tus pensamientos como un barbudo filósofo griego, mientras te preguntabas: «¿Por qué? ¿Por qué? ¿Por qué nunca logro hacer las cosas de forma distinta? ¿Por qué la vida no me está saliendo como quería pese a esforzarme al máximo? ¿Y de dónde sale esta barba?», esto es para ti.

Todas nuestras conductas tienen una finalidad o una intención, seamos o no conscientes de ello. Con bastante frecuencia, desconocemos las razones por las que hacemos algo o por qué persistimos en ello. Para averiguar nuestros patrones conductuales, debemos entender los antecedentes, las conductas y las consecuencias.

- **Antecedentes:** los antecedentes son desencadenantes o estímulos. Aquello que precede inmediatamente a una conducta. Pueden ser situaciones, pensamientos, sentimientos o sensaciones físicas.
- **Conducta:** la conducta es cualquier cosa que hagamos. Las conductas pueden ser observables (beber, ver la televisión, comer, contemplar una pared, quitarse pelos de la

barbilla); se pueden observar aunque las hagamos a solas. También pueden ser privadas o interiores (rumiar, hablar con uno mismo, preocuparse, fantasear). Pueden llevarse a cabo, pero los demás no las observarán fácilmente.
- **Consecuencias:** son sucesos inmediatamente posteriores a la conducta y que conducen a que esta persista o se incremente.

¿Y cómo es todo esto en la vida real? Imagina que eres muy infeliz en tu trabajo. Te da para pagar las facturas, pero todos los días tienes que arrastrar tu Apesadumbrada alma para ir allí. Pasas un montón de tiempo buscando otras opciones profesionales (abrir una librería, hacerte acróbata, formarte como callista, etcétera), pero nunca llegas muy lejos. Para afrontar tu frustración, bebes más de lo que deberías, te quedas en casa viendo la tele y evitas a cualquier persona que te haga sentir que eres un fracaso. Notas una constante falta de propósito y sentido en tu vida. Caramba. ¿Qué puedes hacer? Al igual que con cualquier problema, recurre a una tabla de ACC (antecedentes, conductas, consecuencias), *comme ça*:

| Antecedente | Conducta | Consecuencia |
|---|---|---|
| Situación<br>Pensamientos<br>Sentimientos<br>Sensaciones físicas | ¡Lo que haces! | Consecuencias de esa respuesta |
| Situación: un día horrible en el trabajo.<br><br>Pensamientos: «Nunca saldré de ahí. No puedo soportarlo». | Beber.<br><br>Ver la tele sin parar.<br><br>Evitar a amistades con mejores trabajos. | Inmediata: ¡¡¡alivio!!! No tengo que afrontarlo. Desaparecen los sentimientos y pensamientos horribles. El alcohol me atonta. |

| Antecedente | Conducta | Consecuencia |
|---|---|---|
| Sentimientos: ansiedad. | | Me olvido del problema durante un tiempo. |
| Sensaciones físicas: palpitaciones, tensión muscular, mareos. | | A largo plazo: nada cambia en mi situación. |
| Ansias: deseo imperioso de deshacerte de esas sensaciones. | | No vivo una vida según mis valores. |
| | | Siempre ocurre lo mismo y pasa otro año más. |

¿A que las filas y las columnas lo mejoran todo? El punto clave que debes aprender es que todas las conductas tienen consecuencias que las refuerzan, lo que significa que esa conducta probablemente persista. En este ejemplo, la consecuencia que refuerza la conducta es el alivio que sientes cuando bebes para deshacerte de la sensación de ansiedad. ¡Hurra! ¡Se ha ido! ¡¿Cuál es el problema?! ¡Todo va genial! No tan rápido, encanto. Mira lo que acecha en los niveles inferiores de la columna de las consecuencias: el largo plazo. En lo que a consecuencias de refuerzo respecta, el largo plazo es el primo aburrido, mientras que las consecuencias inmediatas son como nuestra prima superdivertida que siempre conoce los mejores bares. Cuando tenemos puesto el piloto automático, nos preocupa principalmente sentirnos mejor, deshacernos de pensamientos y sentimientos que no queremos o escapar de una situación que no nos gusta. No nos centramos en cuáles son las consecuencias a largo plazo y no deseadas de nuestras conductas: una vida quc no sc ajusta a nuestros valores personales y que carece de propósito y sentido.

## CÓMO EVITAR COMETER LOS MISMOS ERRORES

Ahora ya lo sabes: sigues haciendo lo mismo de siempre porque eso te aleja del dolor a corto plazo (algo de lo que, seguramente, seas bastante consciente con respecto a algunas conductas, pero no tanto con otras), y cada vez que eso ocurre aumentan las probabilidades de que vuelva a ocurrir de nuevo, a no ser que hagas «conscientemente» algo al respecto. El primer paso es responder de un modo distinto a tus antecedentes o desencadenantes, desactivando pensamientos y abriéndote a sentimientos gracias a las habilidades de flexibilidad psicológica que ya has aprendido. Echa un vistazo a la tabla siguiente para ver cómo funciona esto. Una vez que sepas hacerlo, crea una columna nueva en la tabla del análisis conductual. Será una parcela muy valiosa, con una considerable cantidad de espacio cerebral, el equivalente psicológico a una casa de cinco habitaciones con jardín, piscina y aparcamiento en el centro de Londres. Ahora puedes pensar en esa siguiente columna: «Conductas guiadas por valores», es decir, medidas que puedes adoptar y que a) sean acordes con tus valores y b) provoquen cambios importantes y concretos en tu vida. En este ejemplo podría tratarse de fijarte objetivos para cambiar de trabajo, aunque puede ser cualquier cosa que se ajuste a tus valores. Los valores suelen ser el componente que falta cuando la gente se dispone a pasar a la acción. Es muy complicado, aunque no imposible, ceñirse a conductas nuevas si no hay valores de por medio. Aunque sea factible, dependeremos de recompensas externas que no siempre controlamos. Si haces algo acorde con tus valores, tendrás recompensas intrínsecas, ya que te comprometerás con unas acciones porque es algo importante para ti. Siempre tendrás el control de esas acciones, vengan con recompensa externa o no.

| Antecedente | Conducta | | Conducta guiada por valores | Consecuencia |
|---|---|---|---|---|
| Situación<br>Pensamientos<br>Sentimientos<br>Sensaciones físicas | ¡Lo que haces! | | ¡También cosas que haces! | Consecuencias de esa respuesta |
| Situación: un día horrible en el trabajo.<br><br>Pensamientos: «Nunca saldré de ahí. No puedo soportarlo».<br><br>Sentimientos: ansiedad.<br><br>Sensaciones físicas: palpitaciones, tensión muscular, mareos.<br><br>Ansias: deseo imperioso de deshacerte de esas sensaciones. | Beber.<br><br>Ver la tele sin parar.<br><br>Evitar a amistades con mejores trabajos. | **ESPACIO Y DECISIÓN: extiende los brazos en alto, disfruta del espacio de tu mente para tomar decisiones diferentes.** | Fijarse objetivos.<br><br>Solucionar problemas.<br><br>Tomar decisiones conscientes. | Inmediata: mayor control sobre las acciones en piloto automático.<br><br>A largo plazo: acciones para buscar un trabajo nuevo.<br><br>Vivir mis valores en mi trabajo actual.<br><br>Cuidar mi salud. |

Ahora que te has procurado un espacio necesario para emprender nuevas acciones, elige un aspecto de tu vida en el quehacer cambios, como el trabajo, la salud, las relaciones, la educación, la comunidad o la vida social. Conviene no elegir más de un área para no abrir demasiados frentes. El objetivo de toda nueva conducta es convertirla en un hábito, y eso se complica considerablemente si intentas hacerlo en varias áreas de tu vida. Si de verdad quieres realizar un cambio, reduce compromisos vacíos que te consuman tiempo y energía y céntrate en lo que importa. A continuación, piensa en los valores que quieres mostrar en esa área de tu vida. ¿Hecho? ¿Anotado? (Siempre hay que anotar las cosas.) Bien, pues ya puedes empezar.

## OBJETIVOS SMART

Establecer objetivos SMART (específicos, memorables, alcanzables, realistas y temporales) aumenta las posibilidades de conseguirlos.[32]

- **Específicos.** Deberías saber con claridad qué medidas vas a tomar, cuándo lo vas a hacer y dónde. Decir que vas a ponerte en forma no es un objetivo, sino una quimera difusa. Un objetivo sería subir las escaleras de la oficina tres días a la semana: lunes, miércoles y viernes. Tiene que ser algo específico para saber bien qué vas a hacer llegado el momento. Decide por adelantado un plan de acción para reducir así la necesidad de tomar decisiones cuando no hace falta y, por tanto, disminuir las posibilidades de disuadirte cuando estás intentando conseguir un objetivo o fijarte un hábito. Antes de que te des cuenta, esas pequeñas acciones se convertirán en hábitos automáticos.

- **Memorables.** Los objetivos deben estar guiados por nuestros valores y tener un significado. ¿Tus objetivos son tuyos o de otra persona?
- **Alcanzables.** ¿Tienes actualmente los recursos y las capacidades para alcanzar ese objetivo? Si no, ¿qué necesitas hacer o qué tiene que ocurrir para que ese objetivo sea alcanzable?
- **Realistas.** Dadas las exigencias de la vida siempre en conflicto, como la salud, el tiempo y la economía, ¿ese objetivo es realista? ¿O necesitas fijarte otro más realista?
- **Temporales.** Ten muy claro qué vas a hacer y cuándo, para aumentar la probabilidad de conseguir tu objetivo. Elige una hora y una fecha de plazo para conseguir ese objetivo.

## LOS OBJETIVOS NO CONDUCEN NECESARIAMENTE A LA FELICIDAD

La definición de objetivos tiene que ir acompañada de una advertencia sanitaria en esta sociedad nuestra tan orientada al logro. Si nos fijamos objetivos por el mero hecho de conseguirlos, la vida al final carecerá del propósito y del sentido que quizá ansiemos; tachar un objetivo tras otro, por seductor que parezca, no nos dará en última instancia lo que buscamos. Cuidado también a la hora de predecir que cuando alcancemos nuestra meta y consigamos lo que queremos, seremos felices. Ese tipo de pensamiento en realidad nos saca del presente y nos aleja de la satisfacción de actuar ahora mismo siguiendo nuestros valores. Desactiva esos pensamientos y céntrate en el proceso y en los valores que quieres mostrar en la misma medida que en las cosas que quieres conseguir. Cómo lo hagas cuenta lo mismo que lo que hagas.

## DESBROZA TU ENTORNO

Hacer un cambio conductual cuesta. Haz que tu entorno y los sistemas a tu alrededor actúen en tu beneficio para generar un progreso constante. Si quieres reducir un mal hábito, procura que te resulte más complicado mantenerlo. ¿Quieres pasar menos tiempo mirando el móvil mecánicamente? Busca un sitio junto a la puerta de la calle en el que ponerlo a cargar. ¿Quieres ver menos tele? Guarda los mandos en un cajón y desenchúfala. Si pretendes introducir un hábito nuevo, haz que te resulte más fácil cumplirlo. ¿Necesitas ir más al gimnasio? Deja la bolsa lista y preparada junto a la puerta. Si quieres comer más sano, haz visibles y accesibles los alimentos saludables. Esconde las galletas integrales en un táper al fondo del armario bajo el tarro de limones en conserva que nunca usas. Reduce todos los obstáculos innecesarios para comer sano poniendo las zanahorias troceadas delante de todo lo demás en el frigorífico. Cuando te vence el cansancio y estás de uñas, comer sano no es una opción real si tienes que salir al supermercado a comprar quinoa y berenjenas o algo así. Tampoco vas a ir a correr si tienes que pasarte veinte minutos buscando el sujetador deportivo. Reduce los obstáculos de los hábitos que quieras cumplir y añade obstáculos a los hábitos que quieras dejar.

## ENGANCHA TUS HÁBITOS

Si quieres introducir un hábito nuevo, engánchalo a un hábito ya establecido.[33] ¿Tienes ganas de hacer más sentadillas? Planifícalas para después de lavarte los dientes. ¿Quieres llamar a tu tía Adele todas las semanas? Júntalo a tu sesión de *running* de los sábados por la mañana. Estudia cuáles de tus hábitos actuales pueden servir de desencadenantes: levantarte, lavarte los dientes, ducharte, tomarte el café o el té, preparar la bolsa del trabajo, encender el ordenador, ir al trabajo y volver, quitarte el abrigo al llegar a casa, etcétera. Ya has pillado la idea. Elabora una lista con lo que haces habitualmente y luego vincula un nuevo hábito a alguno de sus elementos para aumentar las posibilidades de implementarlo.

## EL MITO DE LA MOTIVACIÓN

La motivación y la fuerza de voluntad son maniobras de distracción psicológicas. Se trata de sensaciones internas que van y vienen, como cualquier sentimiento y sensación física que fluctúan. Pueden estar presentes o no cuando necesitamos pasar a la acción, con lo que es posible que nos dejen completamente tirados. Depender de los estados internos para decidir si adoptar o no una medida relevante es tan aleatorio como decir que harás algo solo si las nubes que ves en el cielo ese día tienen forma de piña.

En vez de estar a merced de lo que te apetezca, disfruta del hecho de que no estás totalmente a merced de tus pensamientos. Puedes demostrarte ahora mismo que tienes siempre el control de tus actos, diga lo que diga tu mente. Repítete una y otra vez que no puedes levantar la pierna izquierda. ¿Hecho? Bien. Ahora, sigue diciendo: «No puedo levantar la pierna izquierda. No puedo y no voy a hacerlo. Que lo sepas». Ahora, levanta la pierna izquierda. ¿A que estás haciendo una cosa con el cuerpo mientras te dices que no puedes y que no vas a hacerlo? Tienes el control sobre lo que haces con brazos y piernas y sobre lo que dices, pese a lo que tu mente te haga creer. Si estás pensando: «Pues claro que puedo hacerlo. Este ejercicio es una chorrada», pregúntate lo siguiente; cuando tu mente te dice por tercera vez esta semana: «¿Sabes qué? Mejor no subas hoy las escaleras, espera a tener un poco más de energía. Ya lo harás mañana», ¿subes por esas escaleras porque estar en forma es importante para ti, o lo evitas, esperas el ascensor y obtienes un alivio a corto plazo? Ya imaginaba. Ya puedes bajar la pierna. En un momento u otro, todos estamos bajo el control de los dictados de nuestra mente, pese a querer hacer cambios en nuestra vida. La próxima vez que quieras lograr un objetivo importante, basado en tus valores, y tu mente te diga «¡no quiero!», con el labio inferior asomando, recuerda que puedes desactivar ese pensamiento y controlar tus actos. Si levantar la pierna te ayuda a recordarlo, venga, arriba.

## HAZ SOLO UN POQUITO, PERO MUCHAS VECES

Una pequeña conducta practicada con constancia es más importante a la hora de alcanzar objetivos y de hacer progresos que un gesto grandioso. Para tener éxito hay que hacer un poquito pero muchas veces. Introducir cambios pequeños, fáciles y rápidos hoy no nos dará grandes resultados mañana, pero hacer un poquito cada día sí. Comer menos azúcar hoy supondrá poca diferencia para nuestro peso mañana; reducir la ingesta de azúcar un poquito todos los días será muy distinto. Correr diez minutos hoy tampoco mejorará nuestro estado físico mañana, pero si corremos diez minutos todos los días durante un mes, notaremos un cambio.

Uno de los principales motivos de que la gente no consiga sus objetivos es que se esfuerzan demasiado y se extralimitan muy pronto en el proceso. Cuando empieces con un objetivo nuevo, pregúntate cuál es el paso más sencillo y simple por el que puedes empezar. Haz algo que sea tan fácil como saltar al suelo desde un trozo de papel. Insiste en adoptar cambios pequeños y fáciles para conseguir grandes resultados. Cada paso que des, cada vez que hagas un pequeño avance renqueando o arrastrando los pies, será un progreso. No olvides tampoco las consecuencias de refuerzo: cuantas más probabilidades tengas de tener éxito a cada paso, más probable será que sigas avanzando. Estos pequeños objetivos te permiten seguir calibrando y recalibrando tus conductas para continuar en la dirección correcta.

## SIGUE LA PISTA A TUS CAMBIOS

Tienes que seguir la pista a tus progresos y supervisarlos para ver si estás haciendo cambios. La manera más sencilla es utilizar una aplicación básica para tomar notas en el móvil; no te distraigas usando algo con muchas campanas y soniditos, sino que empieza con algo sencillo por ahora. Si has identificado la creatividad como un valor y te has fijado el objetivo de dibujar una vez a la semana durante cuarenta y cinco minutos, anota al acabar lo que has sido capaz de hacer. Si no has podido hacer nada una semana, ponte un objetivo más sencillo y prueba con quince minutos, y asegúrate de fijar objetivos SMART y de que tu entorno los haga posibles. Si has hecho los cuarenta y cinco minutos, puedes volver a calibrar tu objetivo y fijarte uno distinto para la semana siguiente, quizá de una hora. Omitir la medición de nuestros progresos suele llevarnos a abandonar porque nuestro objetivo nos resulta demasiado fácil o demasiado complicado. Seguirle la pista nos permite recibir una retroalimentación inmediata que consolida nuestro esfuerzo.

## CAERSE. LAMERSE LAS HERIDAS. LEVANTARSE. AVANZAR UN POCO. REPETIR

Habrá días o semanas en los que no hagas nada. Habrá días en los que sientas que has fracasado y abandonar te parezca una idea increíblemente atractiva. Pero ya has pasado por ahí y quieres hacer las cosas de otra manera. Deseas —trago saliva— desarrollar una auténtica resiliencia. Bueno, lo primero: la resiliencia no es algo que tengamos. Es el proceso de volver a levantarse. No es la ausencia de tristeza, de miedo ni de ansiedad. Es tener todas esas cosas y avanzar llevándolas contigo.

APRENDER HABILIDADES DE FLEXIBILIDAD PSICOLÓGICA

↓

TENER UN PLAN PARA CAMBIAR CONDUCTAS

↓

SENTIR POCA MOTIVACIÓN Y AUTOCRITICARSE

↓

¡ALARMA DE MOMENTO CRÍTICO!
← DECIDIR UN CAMINO→

| EMPLEAR HABILIDADES DE FLEXIBILIDAD PSICOLÓGICA Y PASAR A LA ACCIÓN | ACEPTAR TODO LO QUE DIGA TU MENTE Y ABANDONAR |
|---|---|
| ↓ | ↓ |
| LAS COSAS CAMBIAN | LAS COSAS NO CAMBIAN |

«Resiliencia» viene de la palabra latina *resiliere* (¡eh, amantes del latín!), que significa «rebotar», «volver de un salto». No quiere decir no caerse nunca bajo ninguna circunstancia. Caerse será parte del proceso si queremos llevar una vida rica y con sentido. En este libro has ido aprendiendo las habilidades de flexibilidad psicológica necesarias para afrontar aquellos pensamientos y sentimientos que surgen cuando las cosas inevitablemente se tuercen. Emplear dichas habilidades te dejará el espacio necesario para averiguar dónde te has desviado del camino, y las herramientas de este capítulo te mostrarán cómo seguir avanzando. La historia debería empezar a parecerse un poco a esto:

Al final, si sigues poniendo en práctica las habilidades que has aprendido, las cosas cambiarán. La clave es entender que la flexibilidad psicológica va antes. El cambio vendrá después.

| RECAPITULACIÓN |
|---|
| Comprender tus patrones de autoderrota y de autolimitación te permitirá tomar decisiones distintas y más amplias en la vida, mucho más acordes a tus valores y a lo que de verdad te importa. Vuelve siempre a las habilidades que has aprendido, mantén la mirada puesta a largo plazo, pon tus valores por delante de todo y así darás pasitos pequeños hacia grandes cambios. |

# 8

# CÓMO TENER AUTOCOMPASIÓN

> A veces estoy despierto por la noche, tumbado, y me pregunto: «¿Por qué yo?». Y entonces una voz responde: «No es nada personal, salió tu nombre por casualidad».
>
> CHARLIE BROWN, Peanuts

El dolor emocional es algo universal. Trabajar con personas refugiadas me enseña a diario que a la gente buena le pasan cosas malas sin ningún motivo ni razón. No elegimos el cerebro ni el cuerpo con los que nacemos, ni tampoco el sufrimiento que la vida nos puede deparar.

La autocompasión es, desde hace mucho, una piedra angular del budismo y de otras tradiciones religiosas y espirituales, pero en los últimos años ha empezado a convertirse en una parte importante de tratamientos científicamente probados para una serie de complicaciones psicológicas. Si quieres incorporar una forma totalmente nueva de relacionarte contigo y con los demás, una forma que pueda mejorar tu vida de manera significativa, sigue leyendo. Es hora de empezar a mostrar cierta pasión por la autocompasión.

## ¿QUÉ ES?

La autocompasión es una manera de relacionarnos con nosotros mismos con amabilidad, calidez y afecto en momentos de sufrimiento. Consiste en mostrar la misma compasión contigo que con un amigo o una amiga que está sufriendo. Tiene unos beneficios asombrosos: existe un corpus sólido de investigaciones que demuestra que las personas autocompasivas experimentan menos angustia psicológica, mayor resiliencia ante los muchos altibajos de la vida y niveles más altos de satisfacción. Y beneficia, además, a quienes nos rodean: según algunas investigaciones, la gente con mayores niveles de autocompasión muestra un comportamiento más positivo en sus relaciones que quienes tienen una autocompasión baja. La autocompasión es, básicamente, un superpoder psicológico que está ahí para usarse. La buena noticia es que la autocompasión no es un rasgo que pueda tenerse o no, como unas uñas de los pies que crezcan raras o los ojos de color azul: es algo que de verdad podemos aprender a tener.

Según Kristin Neff, una de las principales investigadoras del mundo en materia de autocompasión, esta se compone de tres elementos distintos que interactúan: autoamabilidad, humanidad común y mindfulness.[34]

- **Autoamabilidad** (lo opuesto a la autocrítica): es la tendencia de los individuos a tratarse a sí mismos con comprensión y cuidado, en vez de ser autocríticos o juzgarse.
- **Humanidad común** (lo opuesto al aislamiento): implica reconocer que «todas las personas fracasamos», cometemos errores y no estamos solas en nuestro sufrimiento.

- **Mindfulness o atención plena** (lo opuesto a la sobreidentificación): como ahora ya sabes, implica ser conscientes del momento presente. Nos permite volver atrás y adoptar una perspectiva no juiciosa respecto a nosotros mismos y a nuestra vida.

Pues esos son los tres elementos de la autocompasión. Hasta aquí vamos bien. No obstante, para avanzar más en tu búsqueda de la autocompasión, tienes que averiguar qué sistema operativo utiliza primero tu cerebro para poder trabajar con él, no en su contra. El primer paso es entender que nuestro cerebro usa básicamente tres tipos de sistemas de regulación emocional: el de amenaza y defensa, el de impulso, de búsqueda de recursos e incentivos, y el de calma y satisfacción.[35,36] Comprender esos sistemas, cómo funcionan y lo que ocurre cuando se activan es un primer paso crucial para desarrollar la autocompasión. De otro modo, te frustrarás como un usuario de Mac intentando utilizar un sistema operativo de Windows. Y no hay nada más frustrante que no entender tu propio ordenador.

**Sistema de amenaza.** Aquí es donde reside nuestro sistema de lucha o huida. Es lo que se conecta cuando nos alejamos corriendo de un peligro (atracadores, serpientes, gente a la que debemos grandes sumas de dinero) o devolvemos un golpe. El objetivo del sistema de amenaza es alertarnos ante un peligro para nuestra integridad física que ponga en riesgo nuestra vida. El tipo de emociones que sentimos cuando se activa el sistema de amenaza son la ansiedad, la ira y la indignación.

Cuando este sistema está activo, nuestras motivaciones son permanecer con vida y protegernos y, en consecuencia, el cerebro organiza a qué prestamos atención (hay algo con unos dientes muy grandes correteando por aquella esquina), qué pensamos (¡el desastre está al caer!), qué hacemos (correr, luchar o quedarnos inmóviles), qué imágenes y recuerdos tenemos presentes (vernos claramente devorados por nuestro depredador), cómo reacciona nuestro cuerpo (preparado para correr o luchar, el corazón latirá más rápido, nos faltará el aliento y se nos tensarán los músculos) y qué emociones sentimos basadas en la amenaza (ansiedad).

Desencadenar este sistema de amenaza es muy fácil, tanto como pinchar a un cocodrilo en el hocico con un palo grande, y es lo que nos ha ayudado a sobrevivir. El problema es que este sistema se activa no solo con amenazas para nuestra parte física, sino también con amenazas para el concepto que tenemos de nosotros mismos. Esto puede provenir de fuentes externas, como otras personas que se muestren crueles y críticas, pero también lo puede desencadenar nuestra propia autocrítica y nuestros autoataques. Literalmente, somos capaces de hacernos sentir bajo amenaza con lo que nos decimos a nosotros mismos.

Según estudios que recurrieron a imágenes por resonancia magnética funcional (una técnica que mide la actividad cerebral), nuestro cerebro responde de manera similar a amenazas autogeneradas, como la autocrítica, que a críticas de otras personas o a una amenaza real para nuestra integridad física. Es como si no supiera diferenciar entre lo que generamos y lo que de verdad está ahí fuera, en la vida real. Eso provoca reacciones fisiológicas similares (palpitaciones, tensión muscular, nudos en el estómago), aunque sea por cosas que hemos creado en nuestra mente. Menuda historia, ¿eh? Podemos estimular nuestro propio sistema de amenaza (que influirá en nuestras emociones, pensamientos, motivaciones y acciones) al ser desagradables con nosotros mismos. Y cuando funcionamos solo desde este sistema, se nos presentan muy pocas oportunidades de elegir acciones valiosas.

Si bien las amenazas a nuestro yo físico activan este sistema, las amenazas sociales también lo hacen. Hemos evolucionado para temer el rechazo porque eso significa que nos podrían expulsar del grupo, y somos seres principalmente sociales. La vergüenza y sus primos, el bochorno y la humillación, son emociones basadas en la amenaza. Solo se pueden experimentar en el contexto social: la vergüenza solo funciona porque sentimos que no tenemos valor a ojos de los demás, y eso, con el tiempo, provoca que sintamos que no tenemos valor ante nuestros propios ojos.

El riesgo del rechazo social del grupo en los primeros tiempos de nuestra evolución suponía una condena. Hace miles de años no podíamos subir por tundras escarpadas y sobrevivir sin la ayuda de otras personas; no habríamos sido capaces de conseguir comida suficiente ni de protegernos de amenazas, mucho menos si estábamos heridos o teníamos que cuidar de la prole. Por tanto, ahora, cuando nos criticamos a nosotros mismos y pensamos demasiado, el cerebro entra en modo amenaza, porque está programado para ello, y libera cortisol y adrenalina para incitarnos a entrar en acción. Eso está bien si la amenaza es breve y nuestro sistema puede volver rápido a la normalidad. Sin embargo, cuando el sistema está constantemente activado, como ocurre en la vida moderna a causa de miles de momentos de estrés diarios, el resultado es una liberación permanente de adrenalina y de cortisol que tiene efectos nocivos considerables para nuestro bienestar psicológico y físico. Es lo que concebimos como estrés crónico.

**Sistema de impulso.** Se trata de nuestro sistema de logros, el que nos estimula para conseguir cosas como comida, refugio, sexo o amistad. Es también el que se pone en marcha cuando buscamos un ascenso en el trabajo, una casa nueva, un procesador de alimentos ultramoderno... Sea lo que sea lo que nos fascine. Consiste en querer, ansiar y lograr. Y las emociones que engloba son cosas como el placer, la diversión o la excitación. De nuevo, no ha sido nada inútil para nuestra evolución, pero nuestra concentración actual en esos elementos genera mucha insatisfacción. La sociedad valora ser competitivos y nos invita con agresividad a compararnos con otras personas que, por supuesto, se ven realzadas por las redes sociales.

Y cuando conseguimos aquello que ansiamos (trabajo, sexo, casa, *likes*, dinero), recibimos un bonito chute de dopamina, un entusiasmo que nos refuerza un montón. A veces (vale, con frecuencia) intentamos regular los sentimientos desagradables generados por el sistema de amenaza buscando mejorar en estatus o en posesiones materiales. El problema de que esa sea nuestra única respuesta al sistema de amenaza es doble: en primer lugar, funciona a corto plazo, aunque hay demasiados procesadores de alimentos que comprar antes de poder empezar a anhelar algo más importante; en segundo lugar, cuando no conseguimos lo que ansiamos, nos sentimos personas ineptas, tememos la amenaza del rechazo social y hacemos lo que mejor sabemos hacer: autocriticarnos aún más y seguir alimentando nuestro sistema de amenaza, cosa con la que luego intentamos lidiar volviendo al sistema de impulso en busca de respuestas. Si añadimos a la mezcla una publicidad agresiva, poco sorprende que estemos en el círculo vicioso de intentar conseguir más y más sin generar nunca los sentimientos de paz, satisfacción y autoaceptación que tanto ansiamos. Si te identificas con esto, seguramente sea porque vas siempre botando y rebotando entre el sistema de amenaza y el sistema de impulso, mientras te preguntas por qué tienes tantos cacharros de cocina.

**Sistema de calma.** Es el sistema en el que reside la magia, pero del que nadie ha oído hablar. Está vinculado a sentimientos de calma y satisfacción y, lo más crucial, a sentimientos de seguridad. Consiste en no querer nada y en encontrarnos bien con estar donde estamos. Suena guay, ¿eh? ¿No te mola la idea de «no querer nada»?

El sistema de calma es fruto de nuestra evolución como mamíferos. Los mamíferos muestran cuidados y afecto hacia su prole, algo notablemente distinto a los reptiles, que se limitan a culebrear y dejan a sus criaturillas a su suerte, aunque, por supuesto, también nosotros fuimos reptiles en otros tiempos. El sistema de amenaza, que pone el énfasis en la supervivencia, es la parte reptiliana de nuestro cerebro. No obstante, como mamíferos, aprendemos a generar sentimientos de seguridad y de satisfacción a partir de quienes nos cuidan, nos relajan y nos consuelan con caricias, voces amables y calidez. Durante la pandemia, la pérdida del contacto humano fue para muchas personas muy penosa, y con razón: estamos programados para necesitarlo. Es este carácter mamífero de cuidadores el que activa nuestro sistema de calma y libera oxitocina. Desde ese espacio de seguridad emocional podemos prosperar y hacer un mejor uso de nuestros sistemas de impulso.

Activar el sistema de calma nos deja espacio y tiempo para «descansar y digerir». Otros mamíferos descansan y digieren tras momentos de estrés (como correr escapando de depreda-

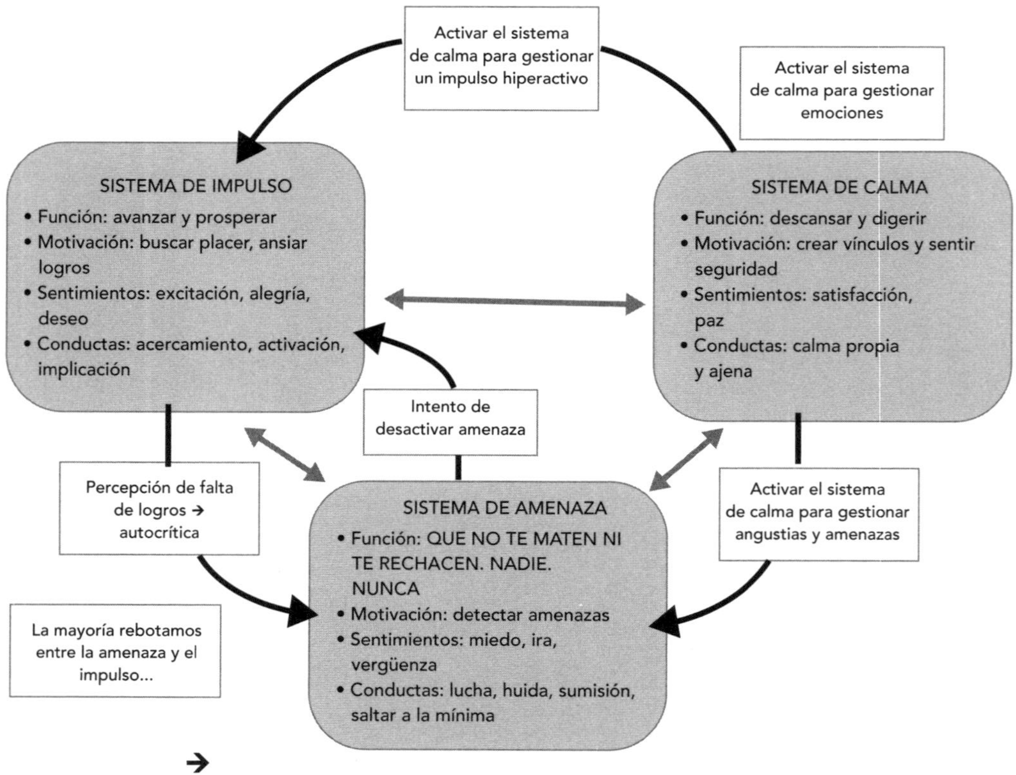
Activar el sistema
de calma para gestionar
un impulso hiperactivo
Activar el sistema
de calma para gestionar
emociones
SISTEMA DE IMPULSO
• Función: avanzar y prosperar
• Motivación: buscar placer, ansiar logros
• Sentimientos: excitación, alegría, deseo
• Conductas: acercamiento, activación, implicación
SISTEMA DE CALMA
• Función: descansar y digerir
• Motivación: crear vínculos y sentir seguridad
• Sentimientos: satisfacción, paz
• Conductas: calma propia y ajena
Intento de
desactivar amenaza
Percepción de falta
de logros →
autocrítica
SISTEMA DE AMENAZA
• Función: QUE NO TE MATEN NI TE RECHACEN. NADIE. NUNCA
• Motivación: detectar amenazas
• Sentimientos: miedo, ira, vergüenza
• Conductas: lucha, huida, sumisión, saltar a la mínima
Activar el sistema
de calma para gestionar
angustias y amenazas
La mayoría rebotamos
entre la amenaza y el
impulso...
→

dores), lo que permite a sus cuerpos recuperarse. Un antílope que acaba de sobrevivir al ataque de una leona habrá experimentado una enorme respuesta de lucha o huida, pero, en cuanto el peligro haya desaparecido, lo veremos descansar y digerir, mascando hierba tranquilamente, quizá bebiendo un poco en algún bebedero de la zona. Su cuerpo se está reparando. El antílope no tiene conversaciones con su mejor amigo antílope sobre por qué la leona lo ha atacado, por qué ha sido un fracasado y ha echado a correr, y sobre la preocupación de que ocurra lo mismo al día siguiente. El antílope no juzga su propio comportamiento y luego se autocritica por ello: eso es una capacidad exclusivamente humana que mantiene activo nuestro sistema de amenaza. En resumen, no dejamos de ponérnoslo difícil a nosotros mismos.

Es en momentos de autoataque, así como en caso de ataques emocionales por parte de otra gente, cuando necesitamos avanzar usando solo el sistema de impulso para aplacar el sistema de amenaza. Tenemos que encontrar un equilibrio entre los tres sistemas para prosperar, y la clave está en activar el sistema de calma con ciertos actos de autocompasión.

## ES COMPLICADO

La cosa se complica por el hecho de que los humanos tenemos esas «nuevas» habilidades cerebrales. Se trata de partes de nuestro cerebro capaces de fantasear, planear e imaginar. Como recordarás del capítulo sobre el «cerebro 101», eso es lo que nos hace típicamente humanos. En todo caso, junto con nuestros sistemas de regulación de emociones, eso tiene el potencial de generar grandes actos de humanidad, pero también de crueldad. La capacidad de pensar cosas terribles que hacerle a la gente, y de planearlas y llevarlas a cabo, es una amalgama entre la ira del sistema de amenaza y las capacidades de planificación de nuestra nueva mente. Nunca deja de horripilarme lo que oigo que idean torturadores de todo el mundo. Y, al mismo tiempo, nunca dejan de inspirarme las increíbles historias de humanidad, resiliencia y amabilidad. Los seres humanos somos capaces de una crueldad horrible y de una amabilidad asombrosa: ambas dependen de cómo elijamos actuar con nuestros cerebros, emociones y motivaciones. Quizá no podamos erradicar la oscuridad del mundo por completo, pero sí, al menos, aumentar la luz. Comprender cómo funcionamos es un primer paso.

## NO ELIGES TU PROGRAMACIÓN

El concepto clave que hay que saber sobre estos sistemas de regulación de emociones es este: NO LOS HAS ELEGIDO TÚ. Estos sistemas, al igual que el resto de nuestro cerebro y nuestro organismo, se nos integraron desde un principio. No es culpa tuya tener en tu organismo y en tu cerebro todas esas conexiones y programaciones tan complicadas. Son el resultado de nuestra evolución.

No podemos cambiar nuestro sistema operativo por completo, pero sí cambiar cómo responder a él gracias a las capacidades de autoconocimiento de nuestro nuevo cerebro, para así elegir conductas distintas y romper patrones inútiles y nocivos que pueden estar causándonos un sufrimiento injustificado, a nosotros y a los demás. En resumen, puedes aprender a trabajar a favor de tu mente, no en su contra. Y eso es liberador.

## MITOS DE LA AUTOCOMPASIÓN

¿Es la compasión algo bueno? ¿Algo útil? ¿Qué papel ha desempeñado la compasión en esta crisis de la COVID? Diría que crees que es algo bueno, sí, y que estás pensando en el trabajo de los profesionales sanitarios, entre otros, atrapados en sus EPI y dándolo todo para cuidar de personas enfermas y moribundas. Pero ¿qué piensas de la autocompasión? ¿Qué se te viene a la cabeza? Sospecho que mucha de la gente que me está leyendo estará experimentando una intensa sensación de bochornosa dentera ante el concepto de autocompasión. ¿No es una autoindulgencia enorme? Debo admitir que, en el pasado, yo me habría puesto en plan: «Bah, eso no es más que encender velitas de esencias, darte baños con pétalos de rosas y masajes faciales mientras el mundo se va al garete», y habría levantado el hocico de engreída ante ese concepto. Pero eso era antes de descubrir en qué consiste en realidad la autocompasión, antes de saber que existen evidencias sólidas de que la autocompasión puede marcar profundas diferencias en la vida de la gente. Y me gustó tanto el descubrimiento que hice mi tesis doctoral sobre ese tema. Pero no hay nada como escribir una tesis sobre algo para odiarlo con un veneno reservado en exclusiva para criminales de guerra y gente que no avanza en los andenes de las estaciones de metro, así que es mérito de la autocompasión que yo siga viéndola como algo genial y que estuviera encantada y contentísima de invitarla a un té.

En cualquier caso, sé lo fácil que es sospechar de cosas que suenan, en fin, hum, un poco alternativas, así que voy a disipar algunos mitos.

## La autocompasión no es autoindulgencia

Una de las razones principales por las que la gente no tiene autocompasión es que teme convertirse en autoindulgente, perder toda motivación y verse tirada en ropa interior en el sofá en mitad del día, comiendo las sobras del pedido del día anterior con los dientes aún sin lavar, mientras sus hijos se alimentan de colillas en las papeleras del barrio. Pero la verdad es muy distinta: la autocompasión está más alejada de la autoindulgencia que Boris Johnson de un peine.

Rara vez vamos a intentar animar a alguien para que saque lo mejor de sí a base de críticas, algo que sabe la mayoría de las madres y los padres. Decirle a tu hijo que se aguante y que lo haga mejor la próxima vez después de verlo con la cara desencajada por no haber conseguido entrar en la sección de viento madera de la orquesta del cole o de haberse quedado fuera del equipo de pulga saltarina a las puertas del campeonato regional, no lo motivará a la larga ni tampoco de una forma sostenible. Por supuesto, habrá quien sí responda a eso y dé la campanada, y de pronto esté tocando el clarinete delante de todo el colegio mientras tú lo miras con orgullo, pero eso será a costa de que nunca aprenda a motivarse por su cuenta, de que nunca mejore la relación consigo mismo y seguramente tampoco la relación contigo. Si todo esto te parece un razonamiento algo flojo, escucha al todopoderoso sir Alex Ferguson, famoso por entrenar al Manchester United durante los mejores años del equipo (yo lo suscribo por completo, que nadie intente convencerme de lo contrario) y también por ser bastante gritón y nada blandengue, desde luego. Esto es lo que sir Alex dice sobre cómo motivar a la gente: «A nadie le gustan las críticas. Poca gente mejora con ellas. La mayoría responde mejor a los ánimos. Así que yo siempre intentaba dar ánimos cuando podía. Para un jugador, y para cualquier ser humano, no hay nada mejor que escuchar un "bien hecho". Son las dos mejores palabras que se han inventado».[37]

Entonces, si ni sir Alex ni tú usaríais la crítica para motivar a otras personas, ¿por qué lo haces contigo? Sospecho que porque a veces sí funciona (recuerda las consecuencias de refuerzo del capítulo «Cómo pasar a la acción») y porque es lo que has aprendido a hacer, y la alternativa (mostrarte autocompasión) parece muy indulgente. En el peor de los casos, quizá ni siquiera intentes plantearte un reto, no vaya a ser que desencadenes una descarga de autocrítica si fracasas. La investigación y la ciencia tienen mucho que decir en este sentido: las personas autocompasivas se proponen objetivos tan elevados como quienes no lo son, pero no se sienten tan estresadas ni frustradas si no alcanzan esas metas.[38] La autocompasión también se vincula a formas flexibles de afrontar el trabajo académico.[39] Y los estudiantes que muestran mayor autocompasión tienen más probabilidades de asumir el fracaso cuando se da y de utilizarlo como una oportunidad para aprender, en vez de meterse debajo de la mesa para intentar poner zancadillas con toda su furia a quien vaya pasando mientras se arrancan mechones de pelo (esto último no está en realidad en el estudio, pero ya me entiendes). La gente autocompasiva aspira a tanto como cualquier otra persona y tiene más probabilidades de ser resiliente frente a los contratiempos.

## La autocompasión no es solo autoestima disfrazada

La autoestima es el grado en el que tienes una opinión favorable de ti en comparación con los demás. La fiebre de la autoestima ha contagiado el mundo del bienestar. Si te paseas por las estanterías de cualquier sección de autoayuda, encontrarás algún libro sobre cómo desarrollar tanto la autoestima que ni una cabeza nuclear podría mermarla. Por desgracia, eso tiene sus pegas, y unas pegas graves:[40] la autoestima está ligada a mayores niveles de narcisismo (eso tiene gracia, dado que estamos más dispuestos a beber del cáliz de la autoestima que del de la autocompasión porque la autocompasión tiene un regusto demasiado *narcisistoide*); quienes buscan mantener niveles elevados de autoestima lo harán seguramente enfrascándose en comparaciones sociales hacia abajo (despreciando a gente a la que no le va tan bien para sentirse ellos mejor), y, además, la autoestima es una amiga de conveniencia. Cuando las cosas van bien, la autoestima se pone en plan: «Sube a mi descapotable nuevo y vamos a la playa, que te sentará genial. He traído algo de comer». Cuando las cosas van mal, la autoestima empieza con: «Es que ahora salgo con Jill, que tiene mucho más éxito que tú». La autoestima es una colega estable y buena cuando todo nos va de maravilla, y una auténtica arpía en caso contrario.

## La autocompasión no es sentir pena por uno mismo

Sentir pena por uno mismo es otro temor social y psicológico. ¿No acabaré sintiendo una lástima enorme por mí mismo y me pondré a pasearme por ahí mordiéndome el labio? La autocompasión no es la mejor amiga de la «autopena». Sentir pena por uno mismo es verte abrumado y absorbido por tus problemas, un proceso que la investigadora en materia de autocompasión Kristin Neff llama «sobreidentificación».[41] Las personas autocompasivas muestran en realidad más probabilidades de afrontar la angustia con ecuanimidad (nada de retorcerse por el suelo, arrancándose el cilicio del pecho y gritando: «¡Miserable criatura!» a la manera de una tragedia griega) y de evitar verse abrumadas por su sufrimiento. Eso, a su vez, permite mostrar un mayor repertorio de conductas (autoamabilidad, mindfulness, conexión con los demás) que están más en la línea de una vida de valores, y en eso no hay autopena.

A las mujeres se nos da especialmente bien ser compasivas con otras personas, pero no autocompasivas. Las necesidades ajenas van primero. Eso es un camino de no retorno a la extenuación. Suena trivial decir que de donde no hay no se puede sacar, pero es así: mujer, si quieres que perdure la calidad de tu impacto en ti misma, en tus seres queridos, en tus colegas, en tu comunidad y en el mundo entero, necesitarás también autocuidados sostenibles, algo que la autocompasión ofrece a espuertas.

## CÓMO LLEVAR LA AUTOCOMPASIÓN A TU VIDA

Confío en que a estas alturas te hayas abierto a los beneficios de la autocompasión y lo consideres algo que puede mejorar tu vida y la de los demás. A continuación te propongo varias formas de empezar.

### Encontrar el equilibrio

Con tan solo ser consciente de tus sistemas de regulación de emociones y reparar en cuándo están desequilibrados harás maravillas en tu vida. Serás capaz de comprender lo que está influyendo en tu conducta y, en cuanto lo consigas, podrás dar un paso atrás y pensar en qué conducta es útil y está guiada por valores en un momento dado, en vez de estar a merced de tus emociones.

## Calmar el ritmo de respiración

Cuando estamos en modo amenaza, nuestra respiración se vuelve rápida y superficial. Este ejercicio de respiración regula el sistema de amenaza para apaciguarlo y desactiva nuestra respuesta de estrés, lo que permite a nuestro sistema de calma activarse y generar sentimientos de seguridad.[42] La clave aquí —como el propio título indica— es alcanzar un ritmo acompasado con la respiración.

- Primero, busca un sitio tranquilo para sentarte, al menos al principio, hasta que seas capaz de hacer este ejercicio en entornos más complicados, como el de intentar hablar con un ser humano real de la compañía telefónica cuando se te estropea internet.
- Empieza por inhalar y exhalar por la nariz.
- Coloca una mano en el diafragma e imagina cómo se expande a la altura del estómago, pero manteniendo los hombros en su sitio al soltar la respiración.
- Inhala contando hasta cuatro.
- Exhala contando hasta cuatro.
- Continúa durante al menos un minuto.

Una vez que hayas adquirido mayor destreza, prueba a aumentar el tiempo a cinco minutos o más. La clave es respirar lento y hondo, para que tu fisiología pueda relajarse y mandar mensajes al cerebro de que estás a salvo.

## LUGAR SEGURO

Usa ahora la imaginación para estimular más tu sensación de seguridad. Lo bonito de la imaginación es que el cerebro responde a imágenes que pensamos de un modo bastante similar a como lo hace en la realidad, aunque sepamos que esas imágenes no son reales. Eso significa que podemos generar emociones no solo por lo que experimentamos de verdad con lo que vemos en la vida real, sino que también podemos provocar esas mismas emociones creando una imagen en nuestra mente. Esto no quiere decir que puedas quedarte todo el día en la cama pensando en imágenes vacacionales con la esperanza de creerte de verdad que estás en las Barbados, sino más bien a que puedes crear una respuesta de calma fisiológica ante esa imagen y tranquilizar a tu sistema de amenaza. La clave aquí es la viveza de las imágenes y de las sensaciones que las acompañan, así que nada de escatimar.

- Para empezar, dedica unos minutos a calmar el ritmo de tu respiración.
- Cierra los ojos e imagina un lugar en el que te sientas a salvo. Puede ser un sitio en el que no hayas estado antes o un lugar que sí conozcas. Cualquier parte: una playa junto al mar, un bosque, una pradera, una casa en la que te hayas sentido muy a salvo.
- Empieza creando una imagen vívida de lo que ves a tu alrededor con la mayor cantidad posible de detalles, para que tu cerebro responda a esa imagen. Piensa en la luz, en las sombras y en los colores que ves.
- Pasa a centrarte en lo que oyes: ¿qué sonidos hay? ¿Qué ruido se oye más fuerte? ¿Cuál menos? ¿Están cerca o lejos, esos sonidos?

- ¿Qué hueles? ¿El aroma del mar, el perfume de flores silvestres o el aire puro?
- ¿Qué percibes al tacto en ese sitio? ¿Qué notas en la piel? ¿Y bajo los pies? Imagina que te quitas los zapatos y los calcetines y sientes el suelo bajo tus pies.
- Deja que el cuerpo se relaje en ese sitio y, al hacerlo, esboza una sonrisa.
- Por último, imagina que ese sitio quiere que estés ahí, que es tu lugar en el mundo y que estás totalmente a salvo.

## Crear una imagen compasiva

Para estimular aún más tu sistema de calma cuando te alteres, prueba a crear a tu «*alter ego* compasivo» ideal (adaptado de Gilbert, 2009).[43] Este *alter ego* compasivo puede ser humano o no. Puede ser cualquier cosa o persona que te guste. Tómate la libertad de experimentar para ver qué te cuadra más. Sinceramente, no sé qué puede ser más compasivo que un cruce de Michelle Obama, la chef Nigella Lawson y el oso *Fozzie*. Elijas lo que elijas, recuerda siempre que ese *alter ego* será tu ideal y encarnará aquello que te gusta de sentirte relajado, cuidado y atendido.

Pon atención a una cosa antes de empezar. Asegúrate de que tu *alter ego* compasivo tenga las siguientes cualidades:

- **Sabiduría:** entiende lo que es ser humano; sabe que tenemos emociones, pensamientos, reacciones y deseos complejos y en conflicto, pero puede lidiar con ello.
- **Fortaleza:** es capaz de tolerar toda nuestra angustia y disfrute, y es lo bastante fuerte como para protegernos en cualquier circunstancia.

- **Calidez:** nos muestra una amabilidad y un afecto profundos. Tiene modales delicados y tranquilos.
- **Actitud no moralista:** nuestro *alter ego* compasivo ideal no condena, juzga ni critica. Nos acepta como somos y está totalmente comprometido con nuestro bienestar.

Ahora que tienes estas cualidades en mente, empieza a construir la imagen de tu *alter ego* compasivo. Aquí tienes algunas ideas orientativas para empezar:

- ¿Qué aspecto tiene tu imagen compasiva?
- ¿Qué edad te gustaría que tuviese?
- ¿Qué género?
- ¿Prefieres que sea humano o no humano?
- ¿Cómo suena tu imagen compasiva?
- ¿Qué tono de voz utiliza?
- ¿Suena calmada?, ¿fuerte?, ¿amable?
- ¿Cómo huele tu imagen compasiva?
- ¿Qué textura tiene tu imagen compasiva? Si te imaginas tocándola, ¿qué tacto tiene?
- ¿Cómo te gustaría que te consolase tu imagen compasiva cuando te agobies? ¿Qué expresiones faciales muestra mientras te consuela?

Invierte tiempo en desarrollar tu imagen en momentos de menos estrés, para así poder invocarla de inmediato para que active tu sistema de calma cuando quieras aplacar tu sistema de amenaza.

## ¿QUÉ NECESITO?

Cuando hayas aquietado tu sistema, pregúntate lo siguiente para guiarte:

- ¿Qué necesito para sentirme a salvo?
- ¿Qué necesito para relajarme?
- ¿Qué necesito para sentir conexión?
- ¿Qué necesito para salir de mi mente?
- ¿Qué es lo más amable que puedo hacer por mí en este momento?

El tono de voz que uses es importante también. Háblate con dulzura, amabilidad y paciencia.

### Contacto compasivo

Hemos evolucionado para que el contacto nos relaje. Aquieta nuestro sistema de amenaza y activa nuestro sistema de calma. Igual que una madre calma a un hijo con el tacto, tú también puedes calmarte en momentos de estrés con este ejercicio (inspirado por Neff y Germer).[44] Al principio parece raro, y quizá sea mejor practicar primero en casa antes de ponerte a frotarte el pecho, y otras zonas, en espacios públicos.

### Con la mano en el corazón

- Cuando notes estrés, respira hondo un par o tres de veces.
- Llévate una mano al corazón con delicadeza, sintiendo la suave presión y la calidez de la mano. Si lo prefieres, ponte las dos manos en el pecho y nota la diferencia entre una y otra.
- Siente el tacto de la mano en el pecho. Si quieres, puedes hacer pequeños círculos con la mano sobre el pecho.

- Percibe el movimiento natural del pecho, arriba y abajo, al coger y soltar el aire de la respiración.
- Quédate notando esa sensación el tiempo que quieras.

Si no te va el rollito de la mano en el pecho, acarícíate con suavidad los brazos o la cara, o lo que sea que te funcione. Dale una oportunidad (aunque sé perfectamente que ahora mismo te estás riendo de tapadillo).

## Tómate un descanso. Un descanso autocompasivo

Esto lo puedes practicar rememorando un recuerdo doloroso o haciéndolo en un momento de dolor emocional. Quizá estés cuidando de alguien con demencia o trabajando en una unidad de cuidados intensivos, o quizá sencillamente estés pasando por un mal momento de verdad. Prueba con este ejercicio (adaptado de Neff y Germer, 2018) en vez de comerte cien barritas de Kit Kat mini para deshacerte de lo que estés sintiendo.[45] Prueba a decirte:

- «Estoy en un momento de sufrimiento. Duele. Pasará.»
- «No soy la única persona que pasa por esto. Todos los seres humanos sufren. Forma parte de la experiencia humana.»

Decir esto nos ayuda a darnos cuenta de que tenemos eso en común con todos los demás seres humanos del planeta: sufrir es una parte inevitable de la vida. Para completarlo, llévate luego la mano al corazón o utiliza cualquier técnica de relajación por contacto que te sirva. También puedes decirte: «Hay más gente que se siente como yo» o «Todos libramos batallas en nuestra vida».

- «Voy a mostrar amabilidad conmigo.»

También puedes usar frases que encajen mejor en tu situación del momento, como «voy a perdonarme» o «voy a ser paciente».

- «Voy a ayudar y no a perjudicar.»

En mi opinión, decirnos este tipo de cosas, en vez de afirmaciones sobre lo increíbles e impresionantes que somos en general, tanto que hacemos temblar la Tierra, representa mucho mejor la realidad de nuestra experiencia humana compartida y va en la misma línea que el funcionamiento de nuestra mente, no en sentido contrario.

## Superar el agotamiento

Yo me habría quemado del todo hace mucho si no hubiera sido por la autocompasión. No se puede mantener un papel en la vida que implique ayudar a otras personas —da igual que seas cooperante, madre o padre, o paramédico— si no te ocupas de tu propio autocuidado. La autocompasión va más allá de darse baños calientes y encender velitas, e incorpora una dimensión mucho más significativa a tu autocuidado. Nos pone en contacto con nuestras emociones y, por tanto, con nuestras muchas y variadas vulnerabilidades, para así poder seguir haciendo lo que nos parece importante. Aquí tienes un ejercicio (adaptado de Neff y Germer, 2018) que me gusta hacer cuando las cosas van mal, y que además puedes hacer «trabajando» y de forma inmediata.[46]

- Respira hondo unas cuantas veces y adquiere consciencia de lo que sientes.
- Busca un ritmo de respiración suave; ralentiza el cuerpo si puedes.
- Al coger aire, imagina que estás inhalando calidez, amabilidad y compasión hacia ti.
- Traslada el foco ahora a tu respiración. Recuerda a alguien que esté sufriendo. Quizá tengas a esa persona delante o quizá no.
- Suelta el aire y ve exhalando calidez, amabilidad y compasión hacia esa persona.
- Sigue inhalando compasión hacia ti y exhalando compasión para la otra persona. Una vez para ti, una vez para ella.

Por cierto: este es el equivalente psicológico a ponerse la mascarilla de oxígeno primero. Tenemos que hacer algo por nosotros antes de poder darnos a otra gente.

**RECAPITULACIÓN**

La autocompasión apela en gran medida a nuestra experiencia de la condición humana. Ofrece una alternativa eficaz a nuestras respuestas tópicas ante la angustia, que consisten en sofocarla mediante parches a corto plazo o en enfrascarnos en duras autocríticas. La autocompasión, por el contrario, nos anima a analizar en profundidad cómo hemos evolucionado y nos muestra cómo aprovechar nuestra mente para prosperar. Es una manera totalmente distinta y eficaz de transformar tu relación contigo y con los demás.

# 9

# CÓMO ENCONTRARTE SENTIDO

> Está en la naturaleza del crecimiento que aprendamos de experiencias agradables y desagradables.
>
> NELSON MANDELA[47]

Ahora tienes en tu haber unas destrezas de dominio mental de primera y algunas herramientas eficaces para dejar espacio a tus emociones, así que puedes centrar tu mente en una cuestión más honda y profunda: «¿Por qué demonios soy como soy?».

## EL AUTOCONOCIMIENTO O EL MANTENIMIENTO DEL COCHE PSICOLÓGICO

Rara vez dedicamos tiempo a invertir en el autoconocimiento y, de hecho, parece un lujo absurdo e innecesario cuando hay que poner una lavadora (otra vez) y encontrar el uniforme del colegio (otra vez). Sin embargo, en última instancia, el estrés es eso: ir rebotando de una exigencia a otra sin ni siquiera tener tiempo de afrontarlo de otra manera porque, bueno, no tenemos tiempo de afrontar las cosas de otra manera. Es como tener un coche que no va bien: nos llevará a nuestro destino, sí, pero el trayecto será horrible. Para mejorar las cosas hay que parar y hacer algunas reparaciones, si es que queremos disfrutar de un agradable trayecto.

Dedicar tiempo a hacer un poco de trabajo de autoconocimiento es como ocuparse del mantenimiento de un coche. Nos ayudará a realizar cambios significativos en nuestra vida porque seremos capaces de entender cómo nuestro pasado afecta a nuestro presente y, por tanto, a nuestro futuro, y seremos más conscientes de ello. Ser capaces de reflexionar sobre nuestra vida, sobre los momentos clave que nos han conformado, sobre la historia de nuestras emociones y patrones conductuales nos ofrece un profundo conocimiento de lo que nos mueve. Se trata de una experiencia que nos abre los ojos y nos quita el aliento cuando nos damos cuenta de lo profundamente que nos han afectado los sucesos del pasado. Es, asimismo, una experiencia liberadora.

Ahora tienes las herramientas psicológicas para ser capaz de mantenerte lejos de las viejas narrativas limitantes y ver tus experiencias desde otro prisma, quizá desde uno imbuido de más autocompasión. Se trata de una oportunidad de mirar el pasado sin caer en las trampas de la autocrítica ni del pensamiento «debería, podría, habría», muchísimo más prevalente cuando nuestra mente echa un vistazo atrás, pero muy efímero. Dedicar más tiempo a observar los altibajos del pasado, el disfrute y el sufrimiento, los momentos en los que hemos vivido según nuestros valores y en los que no, nos permitirá avanzar en la vida con autoconocimiento y autoconciencia.

## UNA LÍNEA DE (SALVA)VIDA

La mejor manera de estructurar tus reflexiones es hacer el ejercicio de la línea de vida. Es un poco como llevar un diario, pero tomando esteroides. Aunque existen diferentes etapas, las vamos a repasar todas juntas. A mí me van los ejercicios que pueden hacerse en el momento y que no requieren preparación ni muchas historias (después de todo, se supone que te estoy ayudando con el estrés, no añadiéndote más cargas), pero creo que puede reportar muchos beneficios reservar una hora para hacer este ejercicio en concreto. Quizá necesites menos tiempo al final, vale, pero mejor guardar una hora entera, sin distracciones ni obligaciones. Nada acaba más rápido con el proceso de autoconocimiento que tener que ir a tirar la basura.

## CREAR TU LÍNEA DE VIDA

Lo primero que tienes que hacer es crear tu línea de vida. Hay dos maneras de hacerlo: con papel y boli o físicamente.

### La línea de papel y boli

Pues nada, necesitas un papel y un boli. Lo ideal es un folio A3. Dibuja una línea de un extremo al otro del papel, en horizontal o en vertical. Esa línea representa tu vida: el principio es el nacimiento y el final es la vida que aún te queda por delante.

Empezando por tu nacimiento, marca en orden cronológico en la línea todos los acontecimientos significativos de tu vida, tanto buenos como malos. Solo tienes que escribir una frase breve sobre cada uno. De momento, estamos creando una visión general, nada más. Cuando llegues al presente, escribe algo breve sobre tus esperanzas y sueños para el futuro. Te pongo un ejemplo:

## La línea física

Si lo prefieres, puedes disponer tu línea de vida en el suelo.[48] Hay algo en esta modalidad que la convierte en una experiencia más profunda. Necesitarás un trozo de tela largo o una cuerda (con un par de metros basta). También necesitarás algo para marcar los acontecimientos importantes de tu vida. Para los positivos puedes usar flores de plástico, cuentas de colores, hojas, ositos de gominola (depende de si te gustan o no, claro); en cualquier caso, elige algo que sea positivo para ti, aunque sea

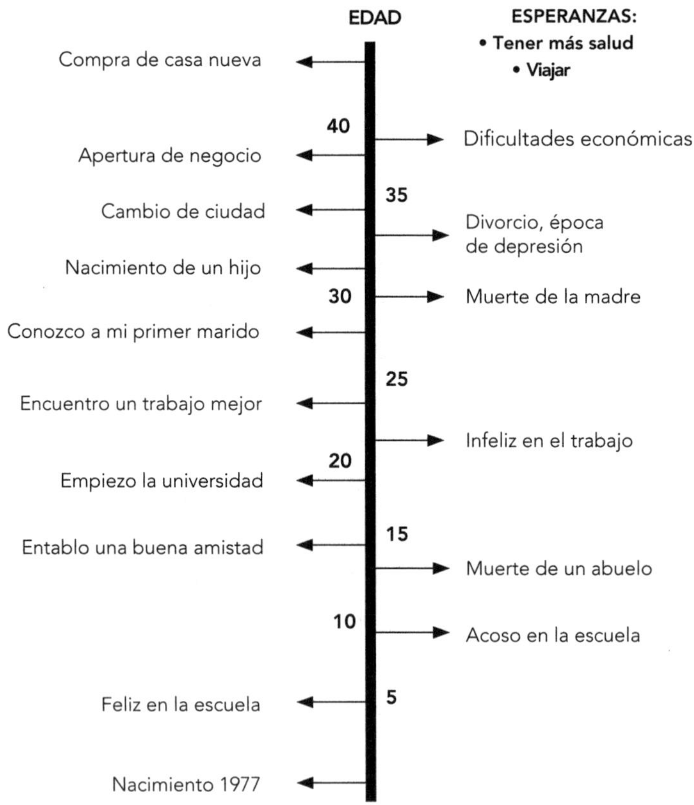

vagamente. Para los acontecimientos duros puedes usar piedras o guijarros, pasta seca que no te guste (lo mismo los macarrones te sacan de quicio) o regalices variados, que sin duda no pueden tener más que connotaciones negativas. Otra opción son trocitos de papel hechos bolitas. Necesitarás también pósits.

Estira la tela formando una línea larga en el suelo y deja en un extremo un trocito enrollado. Eso representa la vida que aún te queda por delante. Empezando por el otro extremo, y reflexionando sobre tu vida en orden cronológico, coloca en la línea indicadores que reflejen los acontecimientos positivos y los momentos duros. Conforme avances, ve anotando en pósits un par de aspectos sobre cada uno de los acontecimientos, como, por ejemplo, cuándo y dónde ocurrieron, y pega las notas junto al indicador pertinente. No hay que dar muchos detalles, porque esta fase es solo una visión general. Sigue señalando acontecimientos importantes hasta llegar al presente. Haz una nota breve con tus esperanzas y sueños para el futuro y colócala al final de la línea. Entonces, sácale una foto a todo (quizá tengas que hacerla por partes; intenta que no salgan tus pies, a no ser que lleves unos zapatos preciosos) y guárdala en algún sitio accesible.

## NARRAR TU LÍNEA DE VIDA

Ahora ya tienes una línea de vida dibujada o una foto de tu línea de vida física, así que puedes empezar a narrarla, suceso por suceso. Te sugiero ir de uno en uno, en orden cronológico. El tiempo que quieras dedicar a cada suceso depende de ti. Con la idea de que empieces por una tarea pequeña y manejable, limítate a dedicar treinta minutos y quizá haz solo un suceso por día, aunque en realidad tú eliges. Lo ideal es escribir todo lo que puedas de ese acontecimiento. Cosas que te pueden ayudar:

- ¿Qué estaba pasando en general en mi vida en ese momento?
- ¿Cuáles son los datos de ese acontecimiento (ubicación, fecha, etc.)?
- ¿Qué ocurrió?
- ¿Qué sentimientos surgieron? ¿Eran sentimientos que había tenido antes o que he vuelto a tener?
- ¿Qué recuerdos son especialmente vívidos de ese momento?
- ¿Qué aprendí de ese suceso?
- ¿Qué pensé de ese acontecimiento? ¿Pienso igual ahora?
- ¿Qué hice en aquel momento? ¿Mis acciones ayudaron o perjudicaron? ¿Cuáles fueron las consecuencias a largo y corto plazo?
- ¿Qué fortalezas tenía en aquel momento?
- ¿Percibo temas o patrones en mis pensamientos, sentimientos y conductas?

Repasa todos los acontecimientos hasta culminar escribiendo sobre tus esperanzas y sueños para el futuro. Al final deberías tener un documento que detalle los acontecimientos clave de tu vida. Quizá termines conociendo mejor tus emociones o quizá llegues a entender mejor tus relaciones y tus conductas en ellas. Sea lo que sea lo que descubras —y seguro que descubres algo útil—, anota las veces que has sentido, a lo largo de tu vida, que estabas de verdad en sintonía con tus valores y que tu vida tenía sentido. A lo mejor fue en un momento de gran alegría, o en un momento de profunda tristeza y pérdida. Con frecuencia, son esos instantes los que nos indican qué nos importa en el fondo. Utiliza todo este conocimiento (en vez de los duros relatos que ingenia nuestra mente) para guiarte por tu vida de ahora en adelante.

## HABLANDO DE RELATOS DUROS...

Al sumergirte tan profundamente en tu pasado, tu mente sacará a la superficie un montón de viejas historias. Las mentes, desde el prisma de la desesperación, cuentan historias de vidas llenas de arrepentimiento, errores y oportunidades perdidas. Somos unos narradores notablemente severos cuando se trata de nuestras vidas, y eso nos lleva a desaprovechar oportunidades de encontrar nuevos significados a experiencias pasadas. Quedarnos atrapados en esos viejos juicios y evaluaciones no nos ayuda en nada, así que asegúrate de desactivarlos y de hacer este ejercicio tomando perspectiva y desde el prisma de la autocompasión. De manera similar, saldrán a la luz emociones importantes y complicadas; como siempre, hazles sitio, llévalas contigo y sigue con tus asuntos, con amabilidad y comprensión. Esos no son los relatos que andamos buscando. Podemos seguir con nuestro camino. Vamos.

## LÍNEAS DE VIDA ESPECÍFICAS

Hacer una línea de vida no es cosa de dicho y hecho. Puedes hacer líneas de vida más detalladas para momentos concretos de tu vida. Por ejemplo, a lo mejor te apetece repasar tu carrera profesional con detalle mediante una línea de vida, o quizá quieras pasar más tiempo pensando conscientemente en relaciones pasadas y en el impacto que tuvieron en tu vida actual.

Algo que suele ser muy revelador es crear líneas de vida vinculadas a emociones concretas. Si tienes dificultades con la ansiedad, puedes hacer una cronología de esta. Pregúntate cosas como:

- ¿Cuándo sentiste ansiedad por primera vez?
- ¿Qué aprendiste sobre la ansiedad gracias a quienes te cuidaban y a la gente importante de tu vida?
- ¿Qué sucesos relevantes relacionados con la ansiedad has experimentado?
- ¿Cómo ha sido tu relación con la ansiedad?
- ¿Qué conductas se dan cuando está presente la ansiedad?

Por supuesto, puedes hacer esto mismo con cualquier emoción o área de la vida que quieras explorar: salud, carrera profesional, dinero, tristeza, límites, alegría, sexo, comida, alcohol, trabajo, pérdida... Cualquier cosa tiene su línea.

**RECAPITULACIÓN**

Parar un poco para echar un vistazo a lo que te ha conformado es tiempo bien empleado. Cultivar la autoconciencia y el autoconocimiento mirando al pasado con tus habilidades recién descubiertas tendrá un efecto palpable en cómo surcar tu futuro.

# 10

# CÓMO UNIR TODAS LAS PIEZAS

Bueno, ¿qué tal ha ido? ¿Te sientes más flexible psicológicamente? ¿Quizá notas incluso un avance psicológico positivo? ¿Te estás relacionando con tus pensamientos y sentimientos de manera distinta? ¿Sientes que se te han abierto caminos nuevos? ¿Avanzas ya hacia la resiliencia? Confío de verdad en que así sea.

Y ahora ¿qué? Mi sugerencia es que vuelvas a los capítulos que te han removido algo. Cuando aprendí estas habilidades, sin duda me centré muchísimo en la desactivación y en los valores para empezar. A lo mejor te apetece comenzar con algunos ejercicios sobre valores antes de pasar al trabajo de aceptación. O quizá prefieras ponerte con la desactivación antes de correr al mindfulness. No hay una manera correcta y otra incorrecta de hacerlo: puedes saltar, bailar o corretear por cualquiera de los capítulos en cualquier orden.

Lo más importante es que practiques al menos parte de lo que has leído aquí si de verdad quieres cambiar algo en tu vida. Habrá quien quiera hacerlo y habrá quien no. Habrá quien prefiera volver sobre todo esto más adelante. Y no pasa nada. Todas estas son herramientas a las que poder recurrir siempre, para el resto de tu vida. Cuanto más a menudo las uses, más naturales te parecerán.

Mi intención era que este libro te aportase habilidades, pero también tenía otra cosa en mente: quería darte esperanza. La esperanza de que, al margen de dónde estés y de lo que estés experimentando, existe la posibilidad de llevar una vida satisfactoria y con sentido, una vida en la que poder mimarte a ti, a otras personas y al mundo entero de una manera que sea importante para ti.

Confío en que las habilidades que has aprendido aquí te enseñen que puedes actuar siguiendo tus valores, sean cuales sean los pensamientos y sentimientos que experimentes en un momento concreto de tu vida. Puedes controlar tus actos. Puedes elegir tus valores. Eres mucho más que meros pensamientos y sentimientos.

Esta es una nueva forma de vivir siendo quien eres. Difunde la palabra.

# AGRADECIMIENTOS

Llevo mucho tiempo practicando mentalmente mis agradecimientos. Así que allá van, ahora de verdad: quisiera dar las gracias a la Academia por el premio a la mejor dirección... ¡Un momento! Me he equivocado de discurso. Voy a empezar de nuevo.

En primer lugar, les doy unas gracias enormes a mi fantástica agente Claudia Young (que, aunque ella no lo sepa, es también mi terapeuta y *coach* de vida) y a toda la agencia Greene & Heaton: me habéis acompañado en mi primer libro con calma y con tranquilidad. Os estoy muy agradecida.

A mi editora de Fourth Estate, Michelle Kane: desde el momento en que te vi supe que eras la editora de mi vida; me ganaste con lo de «¿Tienes el pase de seguridad?». De la misma manera que tú pensaste que yo era tu autora. Muchas gracias por tu sentido del humor y por tus ánimos, y a toda la editorial Fourth Estate, por estar detrás de *Estresiliente* tal y como habéis estado. Dedico un agradecimiento especial a Annie Ridout, que nos presentó muy amablemente por primera vez.

Como siempre, mi familia ha sido una fuente inagotable de apoyo, y sois muchas las personas a las que quiero dar las gracias, así que allá va. Gracias a mi marido Nick por su amor, por sus ánimos y por sus incomparables púdines de Yorkshire. A Sophia, mi única hija: me iluminas la vida a diario; creía que yo estaba ahí para enseñarte, pero ahora pienso que muy probablemente sea al revés. Estoy muy orgullosa de tu creatividad, de tu amabilidad y de tu sentido del humor. Y, por supuesto, a S., una persona siempre leal y cariñosa, por toda una vida de consuelo y confort; tú sabes quién eres. A Sara Hossain y David Bergman, por estar siempre disponibles con sus abrazos y con sus cenas, y por hacerme trocear verduras. A mi familia más amplia y a mi familia política: sois demasiada gente para nombraros de manera individual, y me da demasiado miedo arriesgarme y olvidarme de alguien, pero os doy las gracias igual. Ya está, ya me he quitado el problema de encima.

Y ahora, las amistades. Jill Dickerson, Dina Hossain (una prima que acecha entre las amigas) y Claudia Bellini: sois mis almas gemelas y tengo una suerte increíble de que estéis en mi equipo. Henny Finch, Charlotte Bigland y James Coleman: me habéis ofrecido amistad y unos hombros recios en los que apoyarme durante más de veinticinco años. Sois el mejor triunvirato fuera de la antigua Roma. Esther Kelbert: gracias por sacarme a pasear junto al río en Hammersmith innumerables veces, como si fuera tu mascota. Eres la mejor escuchadora que conozco.

Mi gratitud más profunda va para Kerry Young y Millay Vann, por su sentido del humor y su sabiduría, y por enseñarme básicamente todo lo que sé sobre el trauma. Gracias por dejarme ser yo. No sé lo que haría sin vosotros dos. De verdad. Pero dejad ya de tocar mis cosas, por favor.

Gracias también a la comunidad ACT, sobre todo, a Joe Oliver: siempre has sido de lo más generoso con tu tiempo y con tus conocimientos, incluso leyendo capítulos de este libro y no enfadándote por mis mensajes de correo, o siendo demasiado educado para decirlo. Y, por supuesto, les mando mi agradecimiento y mi gratitud a todos los pacientes que he visitado a lo largo de los años y que han compartido su viaje conmigo. Espero haberos servido de cierta ayuda.

Hay tres personas sin las que nunca habría podido escribir este libro (así que, si no te gusta, es culpa de ellas). Larushka Ivan-Zadeh: gracias por tus ánimos firmes y por tus pacientes correcciones. Tener el apoyo de una escritora de tu calibre es un voto de confianza alucinante. Adele Stevens: me mantuviste en marcha desde el principio. Gracias por sacarme siempre de mi deriva cuando me dedicaba a ser mi peor enemiga. Eres una experta en eso. Nicky Yates: hace muchos años me dijiste que debería escribir algo, así que lo he hecho, y ¡mira ahora! Gracias no solo por ponerme en marcha, sino también por tu positividad, tu entusiasmo y tu asesoría estilística permanentes.

Por último, soy incapaz de expresar como es debido la enorme gratitud que siento hacia mis maravillosos padres. Todo lo que soy y todo lo bueno que puedo llegar a hacer os lo debo a vosotros. Gracias, papá, por ser mi apoyo, por tu compasión y tu amor incondicional. Y, por supuesto, a mi madre, a la que tanto extraño y adoro: gracias por enseñarme todo lo que era posible. Sé que estás conmigo, siempre.

# ACERCA DE LA AUTORA

La Dra. Sam Akbar es psicóloga clínica con más de diez años de experiencia, especializada en el tratamiento de refugiados con trastorno de estrés postraumático que han sobrevivido a la tortura, la guerra o la violencia sexual. También se dedica a formar a psicólogos de todo el mundo en el tratamiento de traumas, desde Irlanda hasta los campos de refugiados del norte de Irak.

# NOTAS

## 1. Cómo gestionar tu mente: cerebro 101

1. Emo Philips, especial de humor en HBO en 1987. <www.youtube.com/watch?v=izH3zpAuDUs>.

## 2. Cómo pensar mejor

2. Daniel M. Wegner y David J. Schneider, «The White Bear Story», *Psychological Inquiry*, 2003, 14, pp. 326-329.
3. S. C. Hayes K. Strosahl y K. G Wilson, *Acceptance and Commitment Therapy: An Experiential Approach to Behavior Change*, Guilford Press, Nueva York, 1999. S. C. Hayes y S. Smith, *Get Out of Your Mind and Into Your Life: The New Acceptance and Commitment Therapy*, New Harbinger, Oakland, 2005.
4. R. Harris, *The Happiness Trap: How to Stop Struggling and Start Living*, Trumpeter, Boston, 2008.
5. S. C. Hayes y S. Smith, ob. cit.
6. E. B. Titchener, *A Text-Book of Psychology*, Macmillan, Nueva York, 1916. Este ejercicio se recoge en S. C. Hayes, K. Strosahl y K. G. Wilson, *Acceptance and Commitment*

*Therapy: An Experiential Approach to Behavior Change*, Guilford Press, Nueva York, 1999.

7. S. C. Hayes y S. Smith, ob. cit.
8. R. Harris, ob. cit.

## 3. Cómo sentir mejor

9. A. Lorde, *Conversations with Audre Lorde*, University Press of Mississippi, 2004.
10. M. Jepsen, en J. A. Stoddard y N. Afari, *The Big Book of ACT Metaphors: A Practitioner's Guide to Experiential Exercises and Metaphors in Acceptance & Commitment Therapy*, New Harbinger, Oakland, 2014.
11. R. Harris, *ACT Made Simple: An Easy-to-Read Primer on Acceptance and Commitment Therapy*, New Harbinger, Oakland, 2009.
12. G. A. Marlatt y J. R. Gordon (eds.), *Relapse Prevention: Maintenance Strategies in the Treatment of Addictive Behaviors*, Guilford Press, Nueva York, 1985.

## 4. Cómo tomar perspectiva

13. S. C. Hayes y S. Smith, ob. cit.
14. S. C. Hayes, K. Strosahl y K. G Wilson, *Acceptance and Commitment...*, ob. cit.

15. Ibíd.

16. R. Harris, *ACT Made Simple…*, ob. cit.

17. M. Sinclair y M. Beadman, *The Little ACT Workbook*, Hachette, RU, 2016.

## 5. Cómo estar aquí y ahora

18. M. A. Killingsworth y D. T. Gilbert, «A Wandering Mind is an Unhappy Mind», *Science*, 12, 330 (6006) (2010), p. 932. doi: 10.1126/science.1192439. PMID: 21071660.

19. J. Kabat-Zinn, «Mindfulness-Based Interventions in Context: Past, Present, and Future», *Clinical Psychology: Science and Practice*, 10 (2) (2003), pp. 144-156. https://doi.org/10.1093/clipsy.bpg016.

20. R. Harris, *ACT Made Simple…*, ob. cit.

21. S. Hayes, *A Liberated Mind: How to Pivot Toward What Matters*, Nueva York, Avery, 2019 [hay trad. cast. de Montserrat Asensio Fernández, *Una mente liberada: la guía esencial de la terapia de aceptación y compromiso (ACT)*, Paidós, Barcelona, 2020].

## 6. Cómo vivir mejor

22. H. Jordt, S. L. Eddy, R. Brazil, I. Lau, C. Mann, S. E. Brownell y S. Freeman, «Values Affirmation Intervention Reduces Achievement Gap Between Underrepresented Minority and White

Students in Introductory Biology Classes», *CBE – Life Sciences Education*, 16 (3) (2017), ar41.

23. B. M. Smith, J. L. Villatte, C. W. Ong, G. M. Butcher, M. P. Twohig, M. E. Levin y S. C. Hayes, «The Influence of a Personal Values Intervention on Cold Pressor-Induced Distress Tolerance», *Behavior Modification*, 43 (5) (2019), pp. 688-710.

24. K. Wilson y J. Groom, *Valued Living Questionnaire (VLQ)*, 2006.

25. R. Harris, *The Happiness Trap...*, ob. cit.

26. S. C. Hayes y S. Smith, ob. cit.

27. S. Hayes, *A Liberated Mind...*, ob. cit.

28. K. G. Wilson y T. DuFrene, *Mindfulness for Two: An Acceptance and Commitment Therapy Approach to Mindfulness in Psychotherapy*, New Harbinger, Oakland, 2009.

## 7. Cómo pasar a la acción

29. A. Schwarzer y S. de Beauvoir, *After the Second Sex: Conversations with Simone de Beauvoir*, Pantheon, 1984.

30. <https://www.inc.com/jeff-haden/a-study-of-800-million-activities-predicts-most-new-years-resolutions-will-be-abandoned-on-january-19-how-you-cancreate-new-habits-that-actually-stick.html>, 03/01/2020.

31. B. F. Skinner, *Science and Human Behavior*, Nueva York, Macmillan, 1953.

32. G. T. Doran, «There's a S.M.A.R.T. Way to Write Management's Goals and Objectives», *Management Review*, 70 (11) (1981), pp. 35-36.

33. B. J. Fogg, *Tiny Habits: The Small Changes that Change Everything*, Houghton Mifflin Harcourt, Boston, 2020.

## 8. Cómo tener autocompasión

34. K. D. Neff, «Self-Compassion: An Alternative Conceptualization of a Healthy Attitude Toward Oneself», *Self and Identity*, 2 (2) (2003), pp. 85-101.

35. R. A. Depue y J. V. Morrone-Strupinsky, «A Neurobehavioral Model of Affiliative Bonding: Implications for Conceptualizing a Human Trait of Affiliation», *The Behavioral and Brain Sciences*, 28 (3) (2005), pp. 313-350.

36. P. Gilbert, *The Compassionate Mind: A New Approach to Life Challenges*, Constable and Robinson, Londres, 2009.

37. A. Elberse, «Ferguson's Formula», *Harvard Business Review*, <https://hbr.org/2013/10/fergusons-formula>, octubre de 2013.

38. K. D. Neff, ob. cit.

39. K. Neff, Y. Hsieh y K. Dejitterat, «Self-Compassion, Achievement Goals, and Coping with Academic Failure», *Self and Identity*, 4 (2005), pp. 263-287.

40. K. D. Neff y R. Vonk, «Self-Compassion Versus Global Self-Esteem: Two Different Ways of Relating to Oneself», *Journal of Personality*, 77, (2009), pp. 23-50.

41. K.D. Neff, ob, cit.
42. P. Gilbert, ob. cit.
43. Ibíd.
44. K. Neff y C. Germer, *The Mindful Self-Compassion Workbook: A Proven Way to Accept Yourself, Build Inner Strength, and Thrive*, Guilford Press, Nueva York, 2018.
45. Ibíd.
46. Ibíd.

## 9. Cómo encontrarte sentido

47. Nelson Mandela en la cena anual de la Asociación de Corresponsales Extranjeros. Johannesburgo, Sudáfrica, 1997.
48. M. Schauer, Neuner, F. y Elbert T., *Narrative Exposure Therapy: A Short-Term Treatment for Traumatic Stress Disorders*, Hogrefe Publishing, Cambridge, 2011.

DE ESTE LIBRO ME QUEDO CON....

Esta obra, publicada por Zenith Editorial,
se acabó de imprimir
en noviembre de 2022